国家中等职业教育改革发展示范学校建设项目
高端技术技能型人才培养系列教材

城市轨道交通概论

(运营管理分册)

主　编　张宝生　汪　燕
副主编　何秋梅
参　编　刘　浏　韩　帆　孙秉岩　王　靓　林　琳
主　审　白　红

机械工业出版社

本书结合地铁站务员的工作实际，比较系统地阐述了地铁运营的基础知识，对该岗位所需掌握的理论知识和实操技能均作了较为详尽的介绍和说明。全书共六章，包括运营基础知识、地铁车站行车组织、地铁车站客运组织、地铁车站应急处理、地铁车站设备操作和地铁车站票务组织。

本书在总体内容和结构上力求有所创新和突破，同时增强了本书的适用性，是一本针对性强、可读性好的基础类教材。

本书可作为职业院校轨道交通类专业的教学用书，也可作为轨道交通运营企业的培训教材。

图书在版编目（CIP）数据

城市轨道交通概论. 运营管理分册/张宝生,汪燕主编. —北京：机械工业出版社，2014.5（2025.3重印）

国家中等职业教育改革发展示范学校建设项目　高端技术技能型人才培养系列教材

ISBN 978-7-111-46636-9

Ⅰ.①城⋯ Ⅱ.①张⋯②汪⋯ Ⅲ.①城市铁路 – 轨道交通 – 运营管理 – 中等专业学校 – 教材　Ⅳ.①U239.5

中国版本图书馆 CIP 数据核字（2014）第091753号

机械工业出版社（北京市百万庄大街22号　邮政编码100037）
策划编辑：曹新宇　　责任编辑：曹新宇　贺贵梅
责任校对：王　欣　　封面设计：马精明
责任印制：邓　博
北京盛通数码印刷有限公司印刷
2025年3月第1版第12次印刷
184mm×260mm·8印张·176千字

标准书号：ISBN 978-7-111-46636-9
定价：22.00元

凡购本书，如有缺页、倒页、脱页，由本社发行部调换

电话服务　　　　　　　　　　　网络服务
服务咨询热线：（010）88379833　机工官网：www.cmpbook.com
读者购书热线：（010）88379649　机工官博：weibo.com/cmp1952
　　　　　　　　　　　　　　　　教育服务网：www.cmpedu.com
封面无防伪标均为盗版　　　　　金　书　网：www.golden-book.com

编审委员会

主　任　　孟北明
副主任　　陶　毅　汪　燕　白　红　于赛英　邵玉芝
编　委　　冯　君　于　萍　刘丽华　张松江　何秋梅
　　　　　　张宝生　刘　浏　韩　帆　孙秉岩　王　靓
　　　　　　林　琳

前　言

当前，我国的职业教育正处于由以知识为中心向以能力为中心的转折时期，"以职业为导向、以能力为本位、以学生为主体"，加强学生的创新精神、实践能力的培养，打造专业能力过硬、实际动手能力强、综合素质高、"零距离"上岗的优秀职业人才，是职业学校教学改革要解决的重要问题。

地铁[⊖]车站是地铁运营生产的一线，也是运营服务的"窗口"单位，其工作人员综合素质的高低直接影响到地铁运营生产的各个方面。因此，通过学习，进一步加强地铁车站工作人员的职业素质，不断提高其理论知识和业务技能，对提高地铁运营服务水平、打造运营优质服务品牌、提升地铁公司整体形象都具有十分重要的意义。站务员是地铁车站的"窗口"岗位，为其提供一本较为详尽和系统的专业教材尤为重要。

本书结合地铁站务员的工作实际，比较系统地阐述了地铁运营的基础知识，对该岗位所需掌握的理论知识和实操技能均作了较为详尽的介绍和说明。本书在总体内容和结构上力求有所创新和突破，提高了本书的适用性，是一本针对性强、可读性好的基础类教材。

本书共分为六章，由张宝生、汪燕任主编，何秋梅任副主编，参加编写的还有刘浏、韩帆、孙秉岩、王靓、林琳。全书由白红主审。

由于编者水平有限，书中难免有不当之处，敬请广大同仁和读者批评指正。

编　者

⊖ 广义的城市轨道交通包括有轨电车、地铁、轻轨、市轨铁路、磁悬浮交通等，本文专指狭义的地铁。

目 录

前言

第一章 运营基础知识 1
  第一节 地铁线路 1
  第二节 地铁车辆 6
  第三节 地铁信号与通信设备 9
  第四节 自动售检票系统 13
  第五节 导向标志系统 19
  思考题 21

第二章 地铁车站行车组织 22
  第一节 基本概念 22
  第二节 车站行车工作简介 25
  第三节 行车组织 28
  第四节 行车安全 33
  思考题 36

第三章 地铁车站客运组织 37
  第一节 车站架构及各岗位职责 37
  第二节 客运组织原则及办法 39
  第三节 大客流组织办法 41
  第四节 突发事件时的客流组织办法 43
  第五节 乘客服务 47
  思考题 56

第四章 地铁车站应急处理 57
  第一节 突发公共事件处理 58
  第二节 车站突发事件处理 60
  思考题 78

第五章　地铁车站设备操作 ………………………………………………… 79
第一节　行车设备 ……………………………………………………… 79
第二节　票务设备 ……………………………………………………… 83
第三节　消防设备 ……………………………………………………… 90
思考题 …………………………………………………………………… 93

第六章　地铁车站票务组织 ………………………………………………… 94
第一节　基本原则 ……………………………………………………… 94
第二节　票务设备管理 ………………………………………………… 96
第三节　车票使用与管理 ……………………………………………… 99
第四节　现金使用与管理 ……………………………………………… 102
第五节　票务事务处理 ………………………………………………… 106
第六节　票务差错与违章管理 ………………………………………… 108
第七节　票务设备常见故障处理 ……………………………………… 114
思考题 …………………………………………………………………… 119

附录　名词解释 …………………………………………………………… 120

第一章

运营基础知识

第一节 地铁线路

一、地铁线路及相关设备设施

1. 地铁线路

地铁线路按其在运营中的作用分为正线、辅助线和车场线等。

（1）正线

正线是指连接车站并贯穿或直股伸入车站的线路。正线为载客运营线路，行车速度高、密度大，线路标准要求高，一般以60kg/m以上型钢轨铺设。正线中车站两端墙间内侧的线路为站内线路，简称站线。

（2）辅助线

辅助线是为保证正线运营而配置的线路，包括折返线、渡线、联络线、出入段线、安全线和存车线。

（3）车场线

车场线是场区作业、停放列车的线路，按作业目的和用途分为运用线和维修线。

2. 地铁轨道

地铁轨道是列车运行的基础，要求能保证列车安全、可靠行驶，且便于养护。地铁轨道主要由钢轨、连接零件、道床和道岔四部分组成，应具有足够的强度、稳定性、耐久性和适量弹性。

（1）钢轨

钢轨是轨道的重要组成部分，它具有承载车轮压力并传递到轨枕上、引导车轮的运行方向以及为供电、信号电路提供回路的作用。钢轨类型以每米钢轨的重量（kg/m）表示，地铁正线一般采用60kg/m的钢轨，并焊成无缝线路，车场线一般采用50kg/m的钢轨。

（2）连接零件

钢轨必须通过连接零件才能固定在轨枕上，此外钢轨间也需要用连接零件连成整体。连接零件要求结构简单、坚固耐用、安装方便，常用的连接零件包括夹板（鱼尾板）、螺栓、道钉和扣件等。地铁整体道床普遍采用弹性分开式扣件，这种扣件在一定程度上弥补了整体道床弹性不足的缺陷。

(3) 道床

地铁隧道内普遍采用整体道床,这就无须补充碎石道砟或更换轨枕。高架线路可采用新型轨下基础,地面线路宜采用碎石道砟以降低投资。整体道床的优点是整体性强、稳定性好,轨道几何尺寸易于保持,减少了养护维修工作量;其不足是工程造价高、施工难度大,一旦形成无法纠偏,出现"病害"难以整治,道床弹性差。

(4) 道岔

道岔是机车车辆从一股道转入或越过另一股道的线路设备,是轨道的一个重要组成部分,也是轨道的薄弱环节之一。

道岔由转辙部分、连接部分和辙叉部分组成,如图1-1所示。

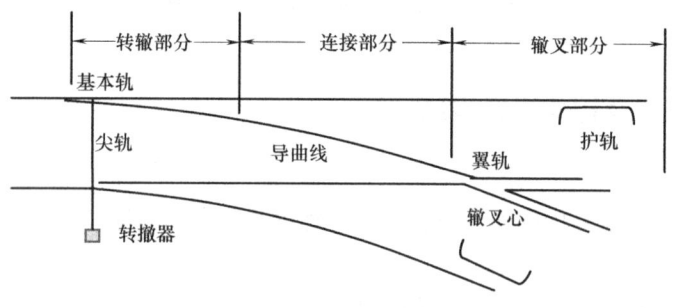

图1-1 道岔构造示意图

1) 转辙部分。转辙部分由尖轨、基本轨、连接零件(包括连接杆、滑床板、垫板、轨撑、顶铁和尖轨跟端结构等)及转辙器组成。

2) 连接部分。连接部分由导轨和基本轨组成,它将转辙部分和辙叉部分连成一组完整的道岔。

3) 辙叉部分。辙叉部分由辙叉心、翼轨和护轨等组成,其中辙叉部分存在有害空间(从辙叉咽喉至辙叉实际尖端的范围)。

道岔按用途及平面形状分为单开道岔、对称道岔、三开道岔和交分道岔四种。

1) 单开道岔。单开道岔的主线为直线方向,侧线由主线向左侧或右侧岔出,是线路连接中采用较多的道岔方式。单开道岔示意如图1-2所示。

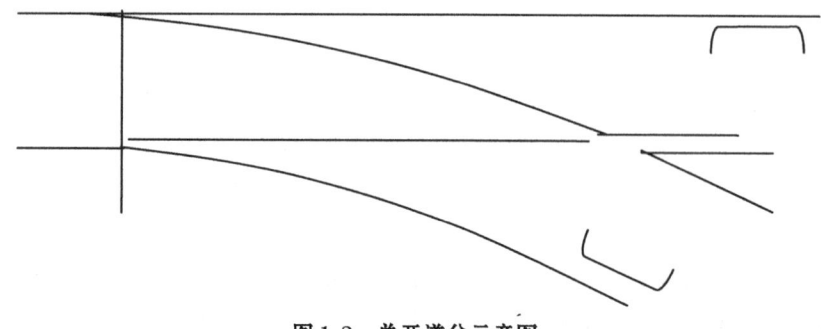

图1-2 单开道岔示意图

2) 对称道岔。对称道岔由主线向两侧分为两条线路,其示意如图1-3所示。

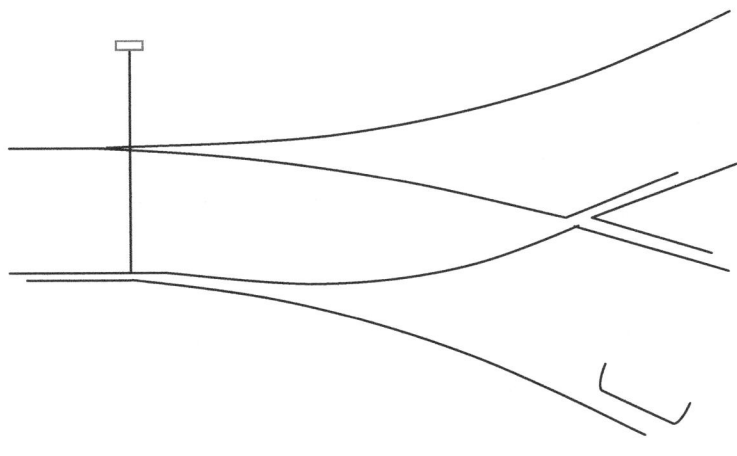

图1-3 对称道岔示意图

3)三开道岔。当需要连接的线路较多,而又受到地形限制不能在主线上连续铺设两个单开道岔时,可以把一个道岔纳入另一个道岔内,便形成三开道岔。

4)交分道岔。将一个单开道岔纳入另一个道岔内,就成为交分道岔。交分道岔代替了两个道岔的作用且占地长度较短,但构造复杂、零件数量较多、维修较困难,因此一般仅在用地长度受限制的咽喉区上使用。

正线上由于通过列车速度较高,若使用交分道岔则安全性较差,也不好养护,故尽量不用。

道岔辙叉角的余切值称为道岔号数或辙叉号码。地铁线路常用的标准道岔有7号、9号和12号。正线及折返线上统一采用9号道岔。为了行车安全平稳,列车过岔速度应有一定的限制。9号道岔侧向允许通过最高速度为30km/h。车场内基本为7号道岔,7号道岔侧向允许通过最高速度为25km/h。道岔侧向允许通过最高速度见表1-1。

表1-1 道岔侧向允许通过最高速度

辙叉号码	7	9	12
速度/(km/h)	25	30	50

二、地铁区间隧道

地铁区间隧道是指地铁列车高速运行地段,列车在线路上运行时,车辆与沿线建筑物之间必须要有一定的空间间隔,以保证行车安全。区间隧道内铺设轨道,设有排水沟,有为电动列车运行提供动力的电力架空线或接触轨,还铺设了消防、生产生活用水、通信、信号和照明等各类管线。区间隧道结构的净空尺寸必须满足建筑限界安全;当为双线隧道时,还必须满足两列车运行交会时安全距离的要求。

地铁限界分为车辆限界、设备限界和建筑限界。

三、地铁车站

1. 车站的功能

地铁车站是地铁系统的重要组成部分,是客流集散的场所,具有供乘客乘降、换乘及列车折返、停车检修、临时待避等功能,以满足安全、迅速、方便地组织乘客进出站的运营要求。

车站同时又是地铁运营设备集中设置的场所,主要包括线路、道岔、通信、信号、环控、自动售检票、自动扶梯及电梯、低压配电及照明、给排水及消防、防灾报警(FAS)和设备监控(EMCS)等设备系统。

2. 车站的分类

(1) 按车站客流量大小分

地铁车站按车站客流量大小可分为特等站、一等站和二等站。

1) 特等站。特等站是指高峰小时进出站总客流量在 3 万人次以上的车站。

2) 一等站。一等站是指高峰小时进出站总客流量在 2~3 万人次之间的车站。

3) 二等站。二等站是指高峰小时进出站总客流量在 2 万人次以下的车站。

(2) 按车站的运营功能不同分

地铁车站按车站的运营功能不同可分为始发(终到)站、中间站和换乘站。

1) 始发(终到)站。始发(终到)站一般设置在线路两端,除具有供乘客乘降的基本功能之外,还可供列车折返、停车检修之用,如深圳地铁一号线一期工程的罗湖站、世界之窗站。

2) 中间站。中间站一般只供乘客乘降之用,但有些中间站还设有折返线、渡线和存车线等,以供列车小交路折返等。地铁车站大多属于中间站,如深圳地铁一号线的科学馆站、大剧院站。

3) 换乘站。换乘站一般设置在两条及两条以上的地铁线路交叉点,除具有供乘客乘降的基本功能之外,其最大的特点是乘客可从一条线路换乘到另一条线路,有平面换乘和立体换乘之分,如深圳地铁一号线的会展中心站。

(3) 按车站建筑的位置分

地铁车站按车站建筑的位置可分为地下站、地面站和高架站。

1) 地下站。地下站是指地铁线路、主体建筑和设备设施设置在地下隧道的车站,又可分为浅埋车站和深埋车站。大多数地铁车站为地下站。

2) 地面站。地面站是指地铁线路、主体建筑和设备设施设置在地面上的车站。

3) 高架站。高架站是指地铁线路、主体建筑和设备设施设置在高架桥上的车站。

(4) 按站台形式分

地铁车站按站台形式可分为岛式车站、侧式车站和混合式车站。

1) 岛式车站。岛式车站的上、下行线分布在站台的两侧,站台面积可以得到充分利用,乘客换乘方便,如深圳地铁一号线的华侨城站。

2) 侧式车站。侧式车站的站台分布在上、下行线一侧,乘客乘降车互不干扰,不易乘错方向，站台横向扩展余地大，如深圳地铁四号线的市民中心站。

3）混合式车站。混合式车站既有岛式站台，又有侧式站台，是两者的混合形式，设有道岔和信号联锁等设备，如深圳地铁四号线的皇岗站。

3. 车站构造

地铁车站主要由出入口、通道、站厅层、站台层、隧道、风亭和冷却塔组成。

（1）出入口

出入口是地面与地铁车站的衔接口，也是地铁管理辖区的分界点。出入口一般都设置防盗卷帘门，在运营结束后或在突发情况下才会处于关闭状态。出入口都设有一定数量和类别的导向标志，用于引导乘客的出行。

每个地铁车站至少保证有一个出入口设置垂直电梯，专为残疾人士和有需要的乘客服务。地铁车站出入口的设计还应考虑与周边物业接驳，并承担部分过街客流。

（2）通道

地铁车站的出入口、站厅层和站台层以通道连通，通道主要由楼梯、自动扶梯和步行道构成。

与周边物业连通的地铁车站通道按不同的连通方式主要分以下几种类型：

1）结合连通型。结合连通型通道是指地铁车站出入口与物业的建筑物地下空间完全结合，该出入口的地铁乘客必须经连通部分才能进出地铁车站。一般以连通的建筑用地红线作为连通分界线。连通设施的运营管理及维护由地铁公司负责。

2）通道连通型。通道连通型通道是指地铁出入口通道增设一个连通接口，使建筑物地下空间与地铁车站连通，地铁车站原设计出入口仍保留，该出入口通道的地铁乘客可选择是否经过连通部分进出地铁车站。一般以连通接口处的通道结构沉降缝作为连通分界线。连通设施的运营管理及维护由地铁公司负责。

3）无缝连通型。无缝连通型通道是指地铁车站站厅层与申请连通的建筑物地下空间采用面的结合方式进行连通，形成整体空间。一般以连通面作为连通分界线。连通设施的运营管理及维护由连通申请人负责。

（3）站厅层

站厅层是换乘列车的中转层，其主要作用是集散客流，为乘客提供售、检票等服务。站厅层按其用途分为公共区和设备区。

1）公共区。公共区是乘客集散的区域，可划分为付费区和非付费区。进站乘客在非付费区完成购票后，通过检票设备后进入付费区，到站台乘车；出站乘客通过检票设备后进到非付费区后出站。

非付费区内除了设置必要的售检票系统设备，还可根据站厅面积大小设置一些商铺、自助银行、公共洗手间、自动售货机和公用电话等便民设备设施，布置原则以不影响乘客出入为首要条件。

2）设备区。设备区主要设有设备用房和管理用房。

设备用房是安置各类设备、进行日常维修及保养设备的场所，主要分为票务维修室、通信机械室、信号机械室、环控配电室、照明配电室、低压配电室、蓄电池室、环控机房、气瓶间、污水泵房、混合风室、风机房、电缆井、屏蔽门控制室、电梯机房、变电所控制室、动力变压器室、变电所储藏室、变电所检修室、变电所整流变压室、35kV高压开关柜室、整流器柜及直流开关柜室等。

管理用房是车站工作人员的办公用房，包括车站控制室、站长室、站务室、会议室、票务室、信号值班室、警务室、更衣室、休息室、卫生间、备品库、垃圾间和清扫工具间等。

（4）站台层

站台层主要是指供列车停靠、乘客候车及乘降车的区域。站台层也分为公共区和设备区，一般两端为设备区，中间为公共区。设备区设有设备用房和一些管理用房。

站台层公共区的功能是供乘客上、下车和候车，主要有站台监控亭、乘客座椅、公用电话和紧急停车按钮等设备设施。

（5）隧道

隧道是地下站为提供列车运行而设的通道。隧道主要有矩形隧道、马蹄形隧道和圆形隧道，内设地铁线路以及轨旁设备、接触网、通信、信号设备、消防及给排水设施等。

（6）风亭

风亭是指主要为车站提供换风的设施，一般分为活塞风亭、排热风亭和新风亭。风亭原则上按车站"两端布置，一端一组"进行设置，根据周边环境的条件采用独立式或合建式。

（7）冷却塔

冷却塔是指主要为中央空调提供散热的设备。冷却塔原则上按车站"一端布置，每站一组"进行设置。

第二节 地铁车辆

一、地铁车辆概述

地铁车辆是地铁用来运输旅客的运输工具，它属于城市快速轨道交通的范畴。地铁车辆的发展历程是轨道公共马车→蒸汽机车牵引→内燃机车牵引→电力机车牵引→电动车组（国铁有内燃动车组）。

现代地铁车辆是地铁最重要的技术含量较高的设备之一，融合先进的机械制造、电子技术、信息技术、计算机网络技术和材料工艺等，其发展方向是轻量化、节能化、少维修，满足容量大、安全、快速、舒适、美观和高可靠性的要求。

地铁车辆主要有客车、内燃机车和轨道车。

1）客车。客车在地铁中也称为电客车，它一般以电力牵引、动车组形式编组，主要任务是载客，也是本书介绍的重点。

2）内燃机车。内燃机车使用柴油机作为动力，一般用于地铁工程建设期，但在特殊情况下（如接触网、供电大型故障时）可担任电客车救援、调动等任务。

3）轨道车。轨道车包括轨道检测车、接触网作业车和接触网检测车等，使用柴油机作为动力，用于地铁工程建设期。

二、地铁客车

1. 地铁客车组成形式

地铁客车有动车和拖车、带驾驶室车和不带驾驶室车等多种形式。

例如深圳地铁以三辆车为一组列车单元，六辆车为一列车编组，排列为

$$-A*B*C=C*B*A-$$

其中，A 为带有驾驶室的拖车；B 为带受电弓的动车；C 为不带受电弓的动车；- 为自动车钩；* 为半永久牵引杆；= 为半自动车钩。这样就能保证列车两端均带有驾驶室，中间各车采用贯通式车厢，以缓冲装置进行连接。

2. 地铁客车的基本构造

地铁客车由机械和电气两大部分构成。

1）机械部分。机械部分包括车体、车钩及缓冲器、车门系统、转向架、空气制动、空调和通风系统。

2）电气部分。电气部分包括牵引及电制动、辅助系统、列车控制系统、列车故障诊断系统、列车通信系统和列车自动控制系统。

3. 地铁客车的基本特征

下面以深圳地铁一号线一期工程客车为例，对地铁客车的特点和技术参数进行说明。

（1）车辆主要尺寸

一列客车长度为 139.98m，宽度为 3.10m，高度（含排气口，不含受电弓）为 3.855m，其中 A 车长度为 24.39m，B、C 车长度均为 22.8m，每辆车有 5 对客室门，门开宽度为 1.40m。驾驶室两侧设有驾驶室门，前端设有乘客紧急疏散门，后端设有通往客室的通道门。

（2）列车动力特征

列车由受电弓从接触网获得电流，电流经由位于 B 车车下的两个高速断路器与动车的牵引逆变器相连接。牵引模块将由接触网来的直流电，逆变为频率和电压都可调的交流电供牵引电动机牵引。制动时，列车的动能由牵引电动机转化为电能，经由逆变器模块返回电网或由制动电阻转化为热能。

（3）列车牵引特征

1）列车速度。正线最高运行速度为 80km/h，车厂内最高运行速度为 25km/h，连挂速度为 3km/h，后端驾驶室推进速度为 10km/h，洗车速度为 3km/h。

2）列车故障时的动力性能。当一节车无动力时，在 AW2 的载荷下可全程往返一次；当两节车无动力时，在 AW3 的载荷下列车可在 35‰ 的坡道上起动；当一列车在 AW3 的载荷下，因故障停在 35‰ 的坡道上，另一列空载列车能将其从坡底推到下一站。客车的定员和载重见表 1-2。

表1-2 客车的定员和载重

序号	缩写	定义	每车乘客数/人	列车乘客数/人	车辆重量/t			列车重量/t
					A	B	C	
1	AW0	无乘客（空载）	0	0	35.8	38.9	39.0	227.4
2	AW1	座客载荷	45	270	38.68	41.78	41.88	244.7
3	AW2	定员载荷（6人/m^2）	310	1860	55.0	58.1	58.2	342.6
4	AW3	超员载荷（9人/m^2）	432	2592	60.82	63.92	64.02	377.5

注：乘客按60kg/人计算。

（4）制动特征

制动系统由电制动系统和空气制动系统组成，电制动系统和空气制动系统能交替使用。常见的制动方式有常用制动、快速制动、紧急制动和停放制动。客车紧急制动距离与载客量的关系见表1-3。

表1-3 客车紧急制动距离与载客量的关系

制动初速	制动距离	
	AW0 ~ AW2	AW3
80km/h	≤190m	≤215m
60km/h	≤120m	≤140m
40km/h	≤57m	≤65m
20km/h	≤17m	≤23m

4. 客车车辆编号

（1）车端、车侧的识别

每种车型的1位端（另一端定义为2位端）定义如下：

1）对于A车，全自动车钩处（即驾驶室端）的车端为1位端。

2）对于B车，远离受电弓的一端为1位端。

3）对于C车，半永久牵引杆处的车端为1位端。

从车辆的2位端面向1位端，人的右侧为车辆的右侧，另一侧为车辆的左侧。与列车的左侧和右侧为两个概念，列车的左侧为列车运行方向的左侧，运行方向的右侧为列车的右侧。

（2）车门编号

车辆的左侧门扇用1~19奇数连续编号，右侧门扇用2~20偶数连续编号，左侧1、3和右侧2、4为最靠近车辆1位端的车门。

5. 地铁车辆的其他辅助系统设备

1）客室设备。客室设备主要是座椅，客室座位纵向布置，每节车厢45座；并设有一残疾人轮椅停放点，两个灭火器（置于座位下）。

2）乘客信息设备。每个车门的上方有一个地铁动态线路图，能显示列车的到站情况和车门的开门信息；每车有四个LED显示屏，用于显示乘客服务信息等。

3）乘客报警设备。在每节车的 5/7、10/12、17/19 号车门侧各有一个乘客紧急通信装置（PECU），在紧急情况下乘客按下该装置能和驾驶员进行通话。

4）紧急解锁手柄。在每个车门侧各有一个紧急解锁手柄，拉下该手柄并向两边推可将该车门打开。

三、地铁列车

地铁列车是按运营时刻表、施工行车通告及有关规定编成的车列，配备司乘人员、挂有动力车辆（如机车等）及规定的列车标志，因而称为列车。列车分为客车、工程车、轨道车和救援列车等。

地铁正线一般为双线，列车运行采用双线单向靠右侧行车。一般一条运营线路需确定一端终点站为上行端，即朝向该站开行的列车为上行列车，反之为下行。

地铁每天开行的列车数以百计，为了区别不同方向、不同种类、不同区段的列车，就需要为每一列车编排一个标志码，这就是车次。

地铁列车进入正线运行必须赋予在一个行车周期（一般是 24h）内不重复的车次。

空客车、工程列车及救援列车出入车厂均按列车办理（非回厂列车占用出入段线进出洗车线时按调车办理），赋予车次。

个别担任特殊任务的列车需在较小线路范围内多次改变运行方向时，为避免车次频繁变化带来的不便，可不改变其车次。

地铁列车车次编订参考：

1）客车车次。客车车次用 4 位表示，前 2 位代表列车服务号，后 2 位代表行程，单数行程代表下行，双数行程代表上行。普通客车服务号为 01～79，空客车服务号为 80～89，调试车服务号为 90～97，专列服务号为 98～99。

2）工程列车。工程列车用 3 位表示。工程车开行车次编号为 501～549，轨道车开行车次编号为 551～599。

3）救援列车。救援列车用 3 位表示，开行车次编号为 601～629。

第三节　地铁信号与通信设备

一、地铁信号系统

地铁信号系统是用于指挥和控制列车运行的设备系统，是安全行车的重要保证，也是列车通过能力和输送能力的决定因素之一，影响着地铁的行车速度和行车间隔时间。

地铁信号系统通常包括三大部分：基础设备、联锁设备和列车自动运行控制系统（Automatic Train Control System，ATCS）。

1. 基础设备

地铁信号系统基础设备包括信号机（色灯）、转辙机（电动）和轨道电路等。

（1）信号机(色灯)

地铁的信号机一般采用信号机（色灯）。信号机有高柱型和矮型之分，不论是高柱型还是矮型，其机构还分为单显示、二显示和三显示。图1-4所示为透镜式二显示色灯调车信号机。

（2）转辙机（电动）

1）转辙机是用于转换道岔的装置，在电气集中设备中，它接收到转换命令后即带动道岔转换。

图1-4　透镜式二显示色灯调车信号机

2）转辙机的主要功能有三项：转换、锁闭及给出表示。

3）深圳地铁一期工程正线使用的S700K转辙机属于外锁闭交流（三相）电动转辙机（图1-5和图1-6），车辆段采用西安信号工厂生产的ZDJ9型电动转辙机，为内锁闭转辙机。不管采用何种类型的转辙机，当转辙机发生故障时，均应能手摇转换道岔。

图1-5　外锁闭交流（三相）电动转辙机和道岔的组合方式

图1-6　S700K转辙机内部结构

（3）轨道电路

1）轨道电路又称为轨道空闲及占用的检测装置（图1-7）。平时，在控制台或显示器上显示白色或黄色光带，表示该区段处于空闲状态；当有车占用时，显示红色光带，表示该区段有车占用。遵循"故障-安全"原则，轨道电路设备在发生故障时必须确保只能给出"占用"通报。

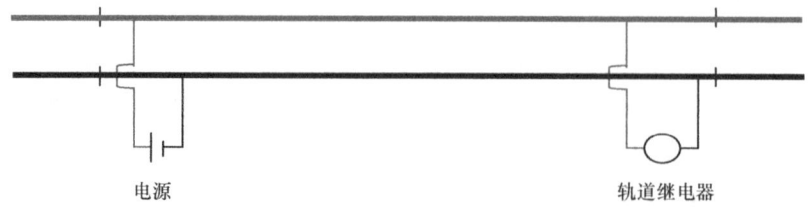

图1-7　轨道电路

2）列车自动控制系统采用先进的数字编码式音频轨道电路而能携带更多的信息量。

例如，广州和深圳地铁一号线就已采用德国西门子公司提供的 FTGS 型数字编码式轨道电路。

2. 联锁设备

道岔、进路和信号三者之间相互制约、相互依存的关系称为联锁，实现联锁的设备称为联锁设备。

地铁车站联锁设备的组成框图如图 1-8 所示。

联锁设备具有轨道电路的处理、次开发进路控制、道岔控制、信号控制和进路自动设置功能。值班人员通过控制台（LOW）控制现场设备，并通过表示盘（墙式大表示盘或显示器）所反映的现场设备状态来监视车站情况。控制台和表示盘可以设在本站，也可设在控制中心，通过遥控、遥测手段来实现监控。

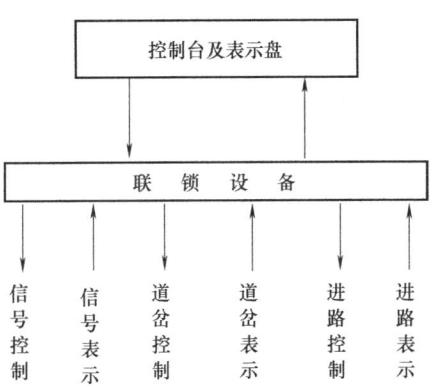

图 1-8 地铁车站联锁设备的组成框图

3. 列车自动运行控制系统

列车自动运行控制系统包括列车超速防护（Automatic Train Protection，ATP）、列车自动驾驶（Automatic Train Operation，ATO）及列车自动监控（Automatic Train Supervision，ATS）三个子系统。

（1）ATP 子系统

ATP 子系统由轨旁设备、车载设备、站内联锁设备和信息传输设备等构成。

ATP 子系统主要用于对列车驾驶进行防护，对与安全有关的设备或系统实行监控，实现列车间隔保护和超速防护等功能，其主要的工作原理是不断地将一些如前方目标点的距离和允许速度等信息从地面传至车上，从而得出此刻所允许的安全速度，依此来对列车实现速度监督及管理。使用 ATP 子系统的一大优点是缩短了列车间隔，提高了线路的利用率和行车的安全可靠性。

（2）ATS 子系统

ATS 子系统由控制中心计算机系统、车站终端（工作站）和通信网络构成。

ATS 子系统主要是实现对列车运行的监督和控制，辅助行车调度人员对全线列车运行进行管理。ATS 子系统给行车调度人员显示出全线列车的运行状态，监督和记录运行图的执行情况，在列车因故偏离运行图时及时作出反应（提出调整建议或自动修正运行图），通过 ATO 子系统的接口，向旅客提供运行信息通报（如列车到达时间、出发时间、运行方向以及中途停靠站名等）。

（3）ATO 子系统

ATO 子系统由轨旁设备、车载设备和信息传输设备等构成。

ATO 子系统主要用于实现"地对车控制"，即用地面信息实现列车的自动运行、折返，保证列车站内停车准确度，实现对车门和屏蔽门的控制，保证列车根据控制中心的指令，按加速、减速、巡航、惰行等最佳工况运行。

二、地铁通信系统

地铁通信系统是地铁运营的联络中枢，它的主要任务是及时传递地铁运营各系统、各部门和控制中心及其相互间的信息，以便及时采取行动确保整个系统的正常运营。

整个地铁通信系统包括传输系统、电话子系统、有线广播系统（PA）、闭路电视系统（CCTV）、无线通信系统和时钟系统。

1. 传输系统

在地铁系统内，传输系统为地铁设备系统提供传输信道，如为电话、广播、闭路电视图像、无线通信系统、供电远动系统（SCADA）、自动售检票（AFC）系统、环控（BAS）系统、防灾报警（FAS）系统和办公及其他自动化系统等提供必要的传输信道。

2. 电话子系统

地铁通信系统的电话子系统由公务电话通信系统和专用电话通信系统组成。

（1）公务电话通信系统

各车站、控制中心、各系统设备的维修单位、各管理单位以及管理指挥机关内部及单位之间利用程控交换机通过 PCM 联成程控交换机网络，从而形成地铁内部的公务电话通信系统。该系统和市话网有中继接入功能并根据需要分配有关用户。

（2）专用电话通信系统

专用电话通信系统包括调度电话、站间直通电话、轨旁电话以及其他专用电话等。

1）调度电话。调度电话包括行车调度、电力调度、环控调度、专用调度所和各车站、车辆运用单位等用户之间的直接通话。

2）站间直通电话。站间直通电话由专用通道传递，拎起直通，主要办理行车业务用。

3）轨旁电话。为供有关专业人员及时报告运行线路发生的故障及其他紧急情况，一般轨道每隔 150m 设置轨旁电话，提供各轨旁电话分机和调度及其他有关分机联系通话的功能。

4）此外，有些地铁还有公安等系统的专用电话。

3. 有线广播系统（PA）

有线广播系统由 OCC 广播设备、车站广播设备和车辆段广播设备三部分组成。每一个车站一般设置一套有线广播系统。DK-S 型播音控制盒是车站广播系统的播音控制设备，具有话筒广播、线路播音、语音合成选择广播功能、状态显示、监听、降级广播和编组的功能，如图 1-9 所示。车站值班员可通过该控制盒控制车站的广播操作。

有线广播系统的主要作用是向乘客及时通报运营信息或播放音乐以改善候车环境；

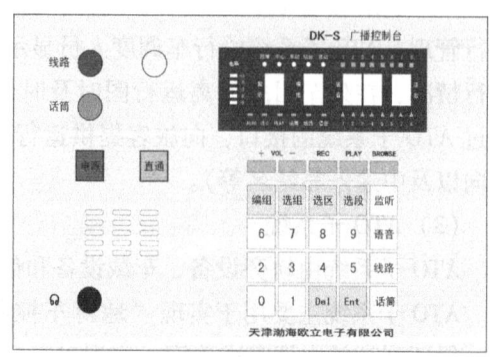

图 1-9 有线广播系统

第一章 运营基础知识

在故障等非正常情况下通报行车、客运安排，必要时也可紧急召唤检修、抢修人员，其目的是组织、疏导、安抚乘客有序乘降列车，及时疏散车站人员，加快事故的处理进程。

每个站分为若干个播音区，例如站厅、上下行站台、机房、办公室等，可以同时广播，也可分区广播。车站控制室通过遥控、遥测对各车站的广播系统进行控制和监测，正常情况下车站广播可采用自动广播，必要时切换为人工通报有关信息。

4. 闭路电视系统（CCTV）

1）闭路电视系统主要是供控制中心的调度人员和车站值班员实时地、有选择地监视沿线各车站（主要是站台及站厅）的状况：监视客流动态，以确保乘客进出站及乘降列车的安全和有序；监视列车在车站的作业情况，以确保行车安全。

2）站厅售检票区域及重要通道（如换乘）处装有摄像设备，将车站客流状况在车站控制室显示，这些画面均传到控制中心，供调度人员监控。遇有非正常情况，车站、调度人员可进行局部或全线售检票、列车运行的调整，以适应客流变化的需要。

3）闭路电视系统也提供给列车驾驶员监控乘客乘降列车情况，一般情况下站台列车停车位置头部装有显示器，显示器由两台摄像机拍摄出了乘客上下列车及车门和屏蔽门的开闭情况。

5. 无线通信系统

1）无线通信系统一般供在移动状态下的工作人员（如驾驶员、检修人员及站务人员等）在工作中与调度人员及指挥机构取得联系时通话使用，必要时可以使用无线通信发布调度人员口头命令，指挥行车。无线通信系统由基地台、天线（隧道内漏泄电缆）、列车无线台、便携式无线台及电源等设备组成。

2）无线通信系统包括列车无线调度电话、车辆段无线电话及应急抢险无线电话等若干部分。

3）列车无线调度电话的作用。列车无线调度电话简称为无线列调，是指挥行车的重要工具之一，可实现列车驾驶员、行车调度员、车站值班员之间随时进行通话联系，能使列车的运行置于调度员的控制之下。

6. 时钟系统

地铁时钟系统为各线、各车站提供统一的标准时间信息，为其他各系统提供统一的定时信号。时钟系统由中心母钟（简称一级母钟）、车站和车辆段母钟（简称二级母钟）、时间显示单元（简称子钟）组成。一级母钟设置在控制中心，二级母钟设置在各车站和车辆段，子钟设置在控制中心、车站控制室、牵引变电所值班室、站厅、站台层及其他与行车直接有关的办公室等处所。

第四节 自动售检票系统

一、自动售检票系统概述

自动售检票系统（简称 AFC 系统）作为城市轨道交通运营管理的组成部分，是地铁票务收益的重要系统。AFC 系统的英文全称是 Automatic Fare Collection System，简称自动售检票系统，是轨道交通系统中利用计算机集中控制的自动售票（包括半自动售票）、自动检票以及自动收费和统计的封闭式自动化网络系统。AFC 系统能够独立完成售检票交易处理、票务管理、设备监控以及同外部系统进行相关数据交换等功能。

AFC 系统是基于计算机技术、网络技术、现代通信技术、自动控制技术、智能卡技术、大型数据库技术、机电一体化技术、模式识别技术、传感技术和机械制造技术等多项高新技术于一体的大型系统。该系统可实现以下功能：

1）购票、检票、计费、收费、统计的全过程自动化，将大大减少票务工作人员的工作量，提高地铁的运行效率和效益，使乘车收费更趋合理，减少逃票情况的发生。

2）减少现金流通、弥补人工售检票过程中的各种漏洞和弊端、避免售票"找零"的烦琐、方便乘客。

3）通过对客流量、营业额收入等综合业务信息的汇总分析，可以增强客流分析预测的能力、合理地调配资源，提高运营单位的经营管理水平。

整个 AFC 系统从空间上可分为彼此相对独立又紧密联系的四个层次：中心 AFC 系统、车站 AFC 系统、售检票终端设备和车票。

售检票终端设备包括闸机（或称为自动检票闸机）、自动售票机、自动充值机、票务处理机和自动验票机等现场设备。

车票有单程票、储值票和特种票（如周票、次票、纪念票）等，可以根据不同的应用需求增加新的车票类型。

二、车站 AFC 系统

从车站票务运作管理来看，车站 AFC 系统主要由售检票终端设备、应用管理系统、辅助设备以及与其运作相关的票务工器具和票务备品等构成。

1. 售检票终端设备

售检票终端设备是指能实现具体售检票业务操作的专用设备，一般由出入站检票闸机、自动售票机、自动增值机、票务处理机和自动验票机构成。

2. 应用管理系统

应用管理系统一般由车站服务器、票务管理终端和设备监控终端构成。

车站服务器是整个车站 AFC 系业务数据处理与交换的枢纽，负责收集售检票设备的各种数据并上传至中心 AFC 系统，接收中心 AFC 系统下载的各种数据。

票务管理终端一般放置在车站票务室，由客运值班员进行操作和管理，具有售检票设备和运营收益管理功能，能完成日常的票务记账和统计等工作。

设备监控终端一般放置在车站控制室，由行车值班员操作和管理，通过它可以对售检票设备进行参数设置，同时实时监控售检票设备的运行情况。

3. 辅助设备

辅助设备主要有不间断电源（UPS）、网络设备和打印设备。

在地铁车站中，为 AFC 系统提供稳定的供电是非常重要的，一般售检票终端设备和车站服务器都由 UPS 进行供电，以防止因市电供电系统偶发性故障而导致瘫痪。

网络设备一般由路由器、交换机和光纤收发器等组成，它们与车站 AFC 系统通信管槽中的网线组成车站 AFC 系统的局域网，一方面将各类售检票终端设备与车站服务器相联，一方面将车站 AFC 系统与中心 AFC 系统相联。

打印设备主要有报表打印机和凭证打印机，分别用于车站应用管理系统报表的打印和乘客事务处理过程各类凭证的打印。

4. 票务工器具

票务工器具是指具备独立的功能，用以辅助车站工作人员进行车票的清分清点、现金的检验清点等工作的设备。票务工器具一般包括单程票清分机、单程票清点机、手持验票机、验钞机、点钞机、硬币清点机、运营小车、保险柜/箱和售检票终端设备中用于日常周转的备件等。

1）单程票清分机。单程票清分机能根据分拣条件将不同的车票分别分拣到不同的票箱中，同时还可以将废票分拣出来，便于车站单程票的循环使用及废票的上交工作。

2）单程票清点机。由于单程票清分机的清点速度较慢，车站一般还配备有单程票清点机，对无须清分的单程票进行快速清点。

3）手持验票机。手持验票机是车站票务人员查验车票信息的专用设备，具有方便、轻巧等特点。

4）验钞机。验钞机用于纸币真伪的识别和数量的清点。

5）点钞机。点钞机用于车站纸币的清点，并能识别纸币的真伪。

6）硬币清点机。硬币清点机用于硬币的鉴别、分类和清点。

7）运营小车。运营小车的作用是方便车站员工日常的补币、补票和回收等工作。

8）保险柜/箱。保险柜/箱用于车站存放贵重的物品，如现金等。

5. 票务备品

车站 AFC 系统在日常的循环运作中，需对售检票终端设备及时进行补币、补票和回收等工作，在这些工作中，要用到一些辅助用品进行周转，以减少设备的停用时间和方便车站员工的工作，这些辅助用品称为票务备品。票务备品包括纸币钱箱、硬币回收箱、加币箱、单程票箱和废票箱等。

三、售检票终端设备的基本功能及构成

目前国内城市轨道交通 AFC 系统的主要售检票终端设备由自动售票机、自动增值机、闸机（或称为自动检票闸机）、票务处理机和自动验票机构成。

1. 自动售票机

自动售票机属于自助售票设备，一般安装在地铁车站的非付费区内，用于乘客自助购买单程票。自动售票机可接收纸币或硬币，并能自动出票和找零。该设备能存储交易数据、工作状态记录和运营的参数，通过网络和车站计算机实时上传工作状态记录和交易数据，接收车站计算机的控制命令并予以执行。自动售票机的基本结构主要有纸币处理单元、硬币处理

单元、单程票出票机、乘客操作屏幕、整机状态显示单元、主控单元和维护单元。

1)纸币处理单元。纸币处理单元用于识别乘客购票的小额纸币,将不符合识别参数指标的纸币退返给乘客。识别币种可通过参数设置,一般带有缓存功能,如深圳地铁一期工程自动售票机的纸币处理单元可连续接收 15 张纸币。

2)硬币处理单元。硬币处理单元接收乘客用于购票的硬币或用于找零。

3)单程票出票机。单程票出票机根据乘客选择的目的站点和购买张数自动发售相应票价和数量的单程票。

4)乘客操作屏幕。乘客操作屏幕上有站点、票价等信息,供乘客购票时用于选择目的站和购票张数。

5)整机状态显示单元。整机状态显示单元是显示设备工作状态的部件,如暂停服务等。

6)主控单元。主控单元用于控制设备内部各单元的协调工作。

7)维护单元。维护单元供车站员工进行登录、加币、加票和回收清点等日常工作时使用。

深圳地铁一期工程 TVM-1000 自动售票机如图 1-10 所示。

图 1-10 深圳地铁一期工程 TVM-1000 自动售票机

2. 自动增值机

自动增值机安装在车站的非付费区,可接收纸币或银行卡,为乘客提供储值票现金或转账增值服务。该设备能存储交易数据、工作状态记录和运营参数,通过网络和车站计算机实时上传工作状态记录和交易数据,接收车站计算机的控制命令并予以执行。自动增值机的主要结构和功能如下:

1)纸币处理单元。纸币处理单元接收乘客用于现金充值的纸币(国内地铁人民币面额一般为 50 元或 100 元),可接收的币种和面额可以通过软件参数进行设置。一般来说,自动增值机的纸币处理单元不带缓存功能,同时也不具备找零功能。

2)储值票处理单元。储值票处理单元接收乘客的储值卡,并按要求充值成功后将卡退回给乘客。

3)银行卡处理单元。银行卡处理单元接收乘客银行卡,并按要求扣取相应转账的金额后将卡退回给乘客。

4)乘客显示接口。乘客显示接口供乘客选择充值方式和充值金额。

5)维护单元。维护单元供车站员工进行登录、回收清点等日常工作时使用。

6)主控单元。主控单元用于控制设备内部各单元的协调工作。

深圳地铁一期工程 AVM-1000 自动增值机如图 1-11 所示。

3. 闸机

闸机安装在车站付费区和非付费区的分界处，用于乘客自助检票通行，能自动计算乘车费用并扣费。在国内，闸机的设计符合乘客右手持票的习惯。闸机按阻拦方式主要有三杆式闸机和门式闸机，按安装位置和功能的不同可分为入站闸机、出站闸机和双向闸机。不论何种类型的闸机，一般从安全方面考虑，在紧急情况或断电时，闸机的通行阻挡功能都能自动解除，以便乘客快速通行或疏散。

1) 三杆式闸机。三杆式闸机是最早被广泛应用的自动检票闸机，目前在国内地铁 AFC 系统中几乎都有应用，如香港、上海、武汉和重庆等城市地铁。三杆式闸机（图 1-12）技术成熟、阻拦效果较好，可靠性较高，性价比高。三杆式闸机的三杆转动是靠乘客的身体接触来推动的，因此人机友好性低，又因三杆之间通行的空隙较小，故带行李的乘客通行时会深感不便。三杆式闸机存在着上述不足，但它也具有防逃票性好及造价低的优点。

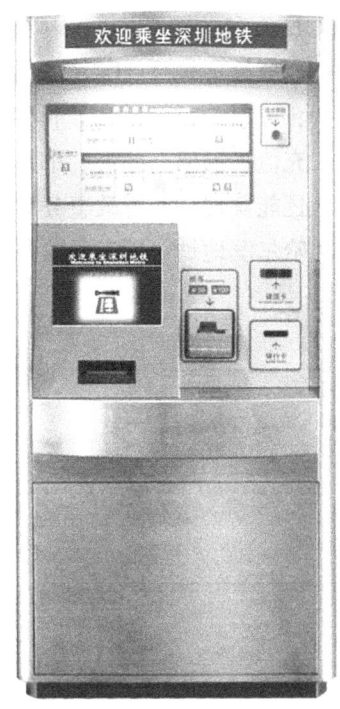

图 1-11　深圳地铁一期工程 AVM-1000 自动增值机

2) 门式闸机。门式闸机是目前比较先进的自动检票闸机，只有一对隐藏门，如图 1-13 所示。门式闸机的通行速度较三杆式闸机快，它采用多对光敏传感器来识别乘客的通行行为和行李情况，自动开关隐藏门，行人和行李可以同时方便通行。

图 1-12　三杆式闸机

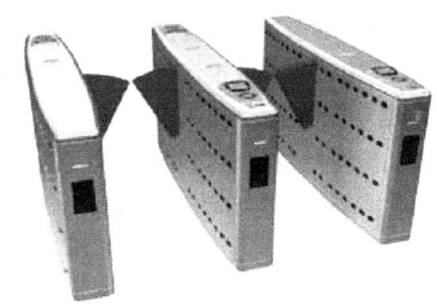

图 1-13　门式闸机

门式闸机目前已被认为是闸机发展的趋势，在国外的地铁 AFC 系统中也得到了广泛的应用，如日本、美国、欧洲等；我国已建的地铁 AFC 系统中，应用也较多，如香港、广州、深圳等。

4. 票务处理机

票务处理机是 AFC 系统中业务功能较为齐全的终端设备，一般放置在车站的客服中心内，可以为付费区和非付费区的乘客提供服务。票务处理机能实现多种业务，包括售票、充值、退票、挂失、车票异常处理、信用设置、卡内信息资料更改以及密码设置等功能，还能实现一些行政事务等业务处理功能。

哈尔滨地铁一期工程票务处理机的结构如图 1-14 所示。

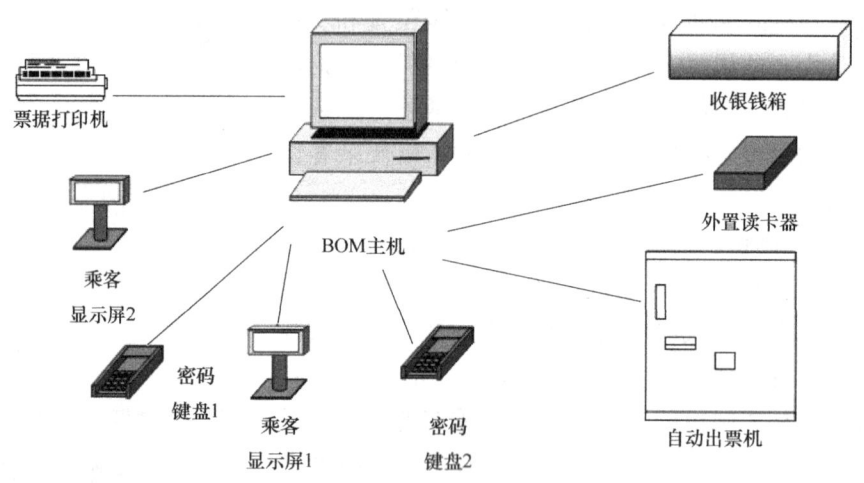

图 1-14　哈尔滨地铁一期工程票务处理机的结构

1）票据打印机。票据打印机用于打印票据。

2）乘客显示屏。乘客显示屏用于显示车票交易信息。

3）密码键盘。当乘客需要使用银行卡转账等业务时，使用密码键盘来输入密码。

4）自动出票机。自动售票机用于发售车票，能自动出票，由于使用起来不够方便，目前车站基本不用。

5）外置读卡器。外置读卡器用于所有与车票有关的业务处理。

6）收银钱箱。收银钱箱用于存放现金。

5. 自动验票机

自动验票机是车站自动售检票系统中的自助查询设备，安装在地铁车站的非付费区内，为乘客提供车票自动查验服务。

四、地铁车票简介

1. 车票的发展史

车票是乘客乘坐交通工具的票据或凭证。在早期，乘客乘坐地铁一般都采用纸票作为车票，该形式下地铁运营就需要大量的员工进行售票和检票工作，效率极其低下，在现金管理上容易存在漏洞。另外，纸票只能使用一次，不能重复使用，容易造成资源浪费。

后来随着计算机、网络通信、电子、智能卡等技术的不断发展，先后出现了磁卡和 IC

卡。磁卡以液体磁性材料或磁条作为信息载体,将液体磁性材料涂覆在卡片上或将宽为6~14mm的磁条压贴在卡片上。磁卡的信息读写相对简单容易,使用方便,成本低。IC卡全称是集成电路(Integrated Circuit)卡,它将集成电路芯片镶嵌在塑料基片上,利用集成电路的可存储特性,存储、读取和修改芯片上的信息。IC卡按与外界数据传送的形式可分为接触式IC卡和非接触式IC卡两种,按照卡内集成电路的不同可分为存储器卡、逻辑加密卡和CPU卡(智能卡)。

由于IC卡具有磁卡所无法比拟的许多优点:存储容量大,是磁卡的几倍至几十倍;安全性高,具有防伪造、防篡改的能力;可脱机使用,应用较为灵活。目前国内各大城市的地铁AFC系统中车票一般都采用非接触式IC卡,早期使用的磁卡车票逐渐被它所取代。以下简单介绍IC卡车票在AFC系统中的应用。

2. IC卡车票应用介绍

为了最大限度地吸引乘客乘坐地铁并获得最大收益,各轨道交通运营单位往往会推出不同的票种来满足广大乘客各种需求。

第五节 导向标志系统

为向乘客提供优质的服务,地铁车站还配置了导向标志系统:

1. 导向标志系统的定义

导向标志系统是指引导乘客安全、便捷地进站、购票、乘车、出站和换乘等行为而连贯设置于地铁站外、站内和列车上的一系列标志的总称,它包括为在紧急情况下进行客流疏散所设的紧急疏散标志。

2. 导向标志的分类

(1)按用途分

导向标志系统中各类标志按其发挥的作用可分为确认标志、导向标志、综合信息标志、禁止标志、安全警告标志和消防安全标志等。

1)确认标志。确认标志是指用以标明某设施或场所的标志,如图1-15所示。

图1-15 确认标志

2)导向标志。导向标志是指用以向乘客提供某设施或场所方向指示的标志,如图1-16所示。

图1-16 导向标志

3）综合信息标志。综合信息标志是指用以表达乘客需要了解的与轨道交通系统相关信息的标志，如图 1-17 所示。

图 1-17　综合信息标志

4）禁止标志。禁止标志是指不准许乘客发生相应行为的标志，如图 1-18 所示。

图 1-18　禁止标志

5）安全警告标志。安全警告标志是指提示乘客注意，避免可能发生危险的标志，如图 1-19 所示。

图 1-19　安全警告标志

6）消防安全标志。消防安全标志是指与消防安全有关并符合消防规定的标志，如图 1-20所示。

（2）按材质分

导向标志系统中各类标志按其材质可分为通电发光导向标志、蓄能或蓄电发光导向标志和不发光导向标志。

1）通电发光导向标志。一般导向标志采用通电发光式，悬挂在天花板下，外接电源发光，如各出入口方向、乘车导向标志和闸机上方状态指示标志等。

2) 蓄能或蓄电发光导向标志。蓄能或蓄电发光导向标志主要用于疏散导向标志,通过平时蓄能或蓄电,在没有照明时能自动或主动发光,引导乘客紧急疏散到站外。

3) 不发光导向标志。不发光导向标志主要是指一些地面信息、安全警示、公共告示和温馨提示等标志。

(3) 按引导的目的分

导向标志系统中各类标志按引导的目的可分为进站导向标志、出站导向标志、换乘导向标志和疏散导向标志。

图1-20 消防安全标志

1) 进站导向标志。进站导向标志是指将乘客从地面经由出入口、通道、站厅非付费区、进站检票口、楼/扶梯、站台引导至所乘目的列车的导向标志。进站导向标志主要包括站外路引(沿地铁方向500m范围内连续设置)、地铁站名、站内乘车导向(按20~30m距离连续设置)、售票导向及定位、检票口定位、乘车导向、行车方向导向等标志。

2) 出站导向标志。出站导向标志是指将乘客从地铁列车引导至目的地车站,经由站台、楼/扶梯、出站检票口、站厅非付费区、通道、出入口直至地面的导向标志。出站导向标志主要包括楼/扶梯导向、出口导向、换乘导向、地面信息、出口导向(按20~30m连续设置)等标志。

3) 换乘导向标志。换乘导向标志是指将乘客从某线路的站台引导至另一条线路的站台,经由站台、楼/扶梯、站厅付费区、楼/扶梯至另一站台的导向标志。换乘导向标志主要包括楼/扶梯导向、换乘方向、乘车导向等标志。

4) 疏散导向标志。疏散导向标志是指自站台设备区和公共区一直至出入口,车站在天花板下方或沿地面和墙壁连续设置的疏散标志(包括在隧道墙壁上连续设置引导往车站方向的疏散标志),用以引导乘客在紧急情况下迅速疏散。疏散导向标志一般采用蓄能或蓄电发光导向标志。

思考题

1. 什么是地铁线路?
2. 地铁轨道主要由哪几部分组成?
3. 绘出能分清道岔三部分的道岔示意图。
4. 道岔按用途及平面形状分为哪几部分?
5. 地铁车站是如何分类的?
6. 地铁车站主要由哪几部分组成?
7. 简述售检票终端设备的基本功能及构成。
8. 导向标志是如何分类的?

第二章

地铁车站行车组织

第一节 基本概念

一、进路

1. 进路的定义

在正线或车辆段运营线路范围内,地铁列车或调车车列由某一指定地点运行至另一指定地点所经过的路段称为进路。

2. 进路的种类

在正线或车辆段范围内,根据作业情况或站场结构可以划分成许多进路。

按作业性质,进路大体上可分为列车进路和调车进路两类。

列车进路又可划为接车进路、发车进路、通过进路和转线/场进路等。

按方向来区分,调车进路又可分为调车接车方向的调车进路和调车发车方向的调车进路。

二、运营时刻表

运营时刻表是行车组织工作的基础,它规定了运营线路的每个运营周期(一般为每天)的起止时间、高峰期起止时间、各次列车占用区间的顺序、列车在一个车站到达和出发(或通过)的时刻、列车在区间的运行时分、列车在车站的停站时分、折返站列车折返作业时间及电客车出入车厂的时刻。

运营时刻表也是地铁运行组织的一个综合性计划。例如:车站根据运营时刻表所规定的列车到达和出发时刻,安排本站行车组织工作和客运组织工作;车辆维修部门每天运营前要整备好运营需求的列车数,车辆运转部门要根据运营时刻表的要求确定列车的派出时刻和乘务员的作息计划;工务、通信、信号、供电和机电等部门也要求根据运营时刻表的规定来安排施工计划和维修计划。

三、行车间隔及列车停站时间

1. 行车间隔

行车间隔是指列车更替时间,通俗地说是两列同方向载客列车的间隔时间。

2. 列车停站时间

列车停站时间是指列车停站作业时间，其计算方法是从列车对标停妥时刻起至列车从本站发出（不再停下）的时刻止，对客车来说一般指包括开关门和乘客上下车所需时间的总和。

影响列车停站时间的主要因素有车门/屏蔽门的开关时间、乘客上下车时间和驾驶员确认车门/屏蔽门关好的时间。

列车停站时间一般在编制列车时刻表时根据设备能力和列车停站作业程序计算出最小值，有屏蔽门的车站一般不少于20s，客流量较大的车站可放宽至30～50s。

四、列车延误及晚点

1. 定义

列车延误是指运营列车在某一位置（一般指车站）的时刻比照其在时刻表上规定的时刻延后的现象。

列车晚点是指列车延误发生在本列次终点站时且符合列车晚点范围的现象。

2. 列车晚点统计方法

比照运营时刻表单程每列晚点 N 秒（N 的取值为行车间隔的1/3，但最小值不低于120s）以下为正常，N 秒及以上为晚点。行车调度员应根据客车晚点情况及时采取措施调整客车运行，因列车调整需要在两端站晚发的列车不计为晚点，但在单程运行过程中增晚 N 秒及以上时为晚点。

3. 列车正、晚点的界定

1）凡按列车运行图图定车次和时间准点始发、终到的列车全部统计为正点列车数。

2）临时加开列车按正点统计。

3）由于客流变化而抽调部分列车或加开列车，行车调度员采取措施对部分列车调点时，该部分列车按正点统计。

4. 列车到、发、通过时刻的确认

1）到达时刻。到达时刻以列车在规定位置对正停稳为准。

2）出发时刻。出发时刻以列车由车站（包括车厂规定发车地点）前进启动（不再停下）时为准。

3）通过时刻。通过时刻以列车最前部通过站线规定位置时为准。

五、列车折返

列车通过进路改变、道岔转换经车站的调车进路由一条线路至另一条线路运营的方式称为列车折返，具有列车折返能力的车站称为折返站。列车折返一般分为站前折返和站后折返两种方式。

1. 站前折返方式

站前折返方式是指列车在中间站或终点站利用站前渡线进行折返作业（图2-1）。

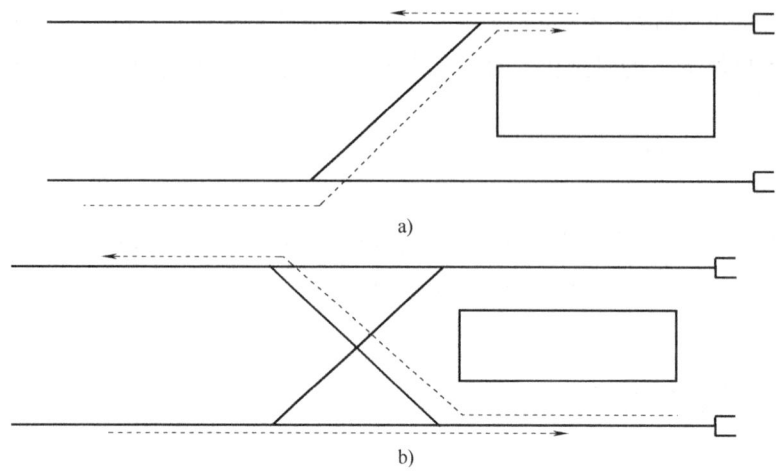

图 2-1 站前折返方式
a）站前折返方式一 b）站前折返方式二

（1）站前折返方式的优点
1）由于渡线设置在站前，可以在一定程度上减少项目建设的投资。
2）可以缩短列车走行距离。
（2）站前折返方式的缺点
1）上下车乘客同时上下车，在客流量大的情况下，站台秩序会受到影响。
2）出发列车和到达列车存在进路交叉，对行车安全保障要求较高。
3）到发作业产生的交叉干扰降低了折返效率。
因此，在行车密度高、列车运行间隔短的条件下，一般不宜采用站前折返方式，尤其是单渡线站前折返。

2. 站后折返方式

站后折返方式是指列车在中间站或终点站利用站后渡线进行折返作业（图2-2）。站后折返方式能避免采用站前折返方式存在的缺点。接、发车采用平行作业，不存在进路交叉，行车安全；列车进、出站速度高，有利于提高列车的旅行速度。站后折返方式的主要缺点是列车折返时间较长。

另外有一种特殊的站后折返方式，即环形线折返方式（图2-2c）。这种折返方式没有道岔，能保证最大的通过能力，节约设备费用和运营成本；但它也存在一些缺点，如由于列车在小半径曲线上运行造成单侧钢轨磨耗、折返线不能停放检修列车并难以进一步延长以及若用明挖法施工则会增大开挖范围等。因此，在线路的终点站常采用前述的尽端线折返设备。采用尽端线折返设备，列车既可以折返，也可以临时停留检修。

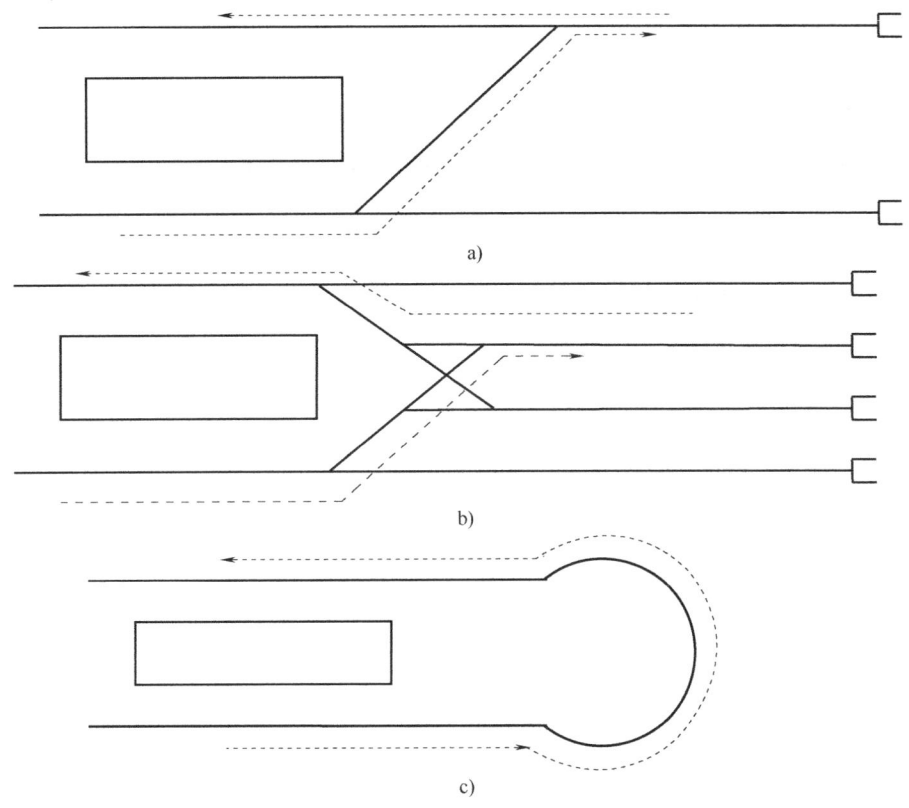

图 2-2 站后折返方式
a) 站后折返方式一 b) 站后折返方式二 c) 站后折返方式三

第二节 车站行车工作简介

一、行车组织及行车指挥原则

1. 行车组织原则

1) 地铁的行车组织工作, 以安全运送乘客, 满足设备维修养护的需要, 按运营时刻表的要求, 实现安全、正点、舒适、快捷的运营服务为宗旨。

2) 地铁的行车组织指挥工作, 必须坚持安全生产的方针, 贯彻高度集中、统一指挥、逐级负责的原则; 各单位、各部门必须紧密配合, 协调动作, 确保行车和乘客安全, 完成各项工作任务。

3) 运营时刻表（列车运行图）是行车组织工作的基础, 凡与列车运行有关的各部门都必须根据运营时刻表的规定组织本部门的工作。

4) 结合地铁设备系统设计以及地铁列车数和客流预测, 通过计算确定最合适的行车间隔, 编制相应的运营时刻表。

2. 行车指挥原则

1）行车有关人员必须服从行车调度员的指挥，执行行车调度员命令，行车调度员应严格按运营时刻表指挥行车。

2）指挥列车运行的命令和口头指示只能由行车调度员发布。

二、行车指挥系统

1. 行车指挥执行层次

行车指挥执行层次如图 2-3 所示。

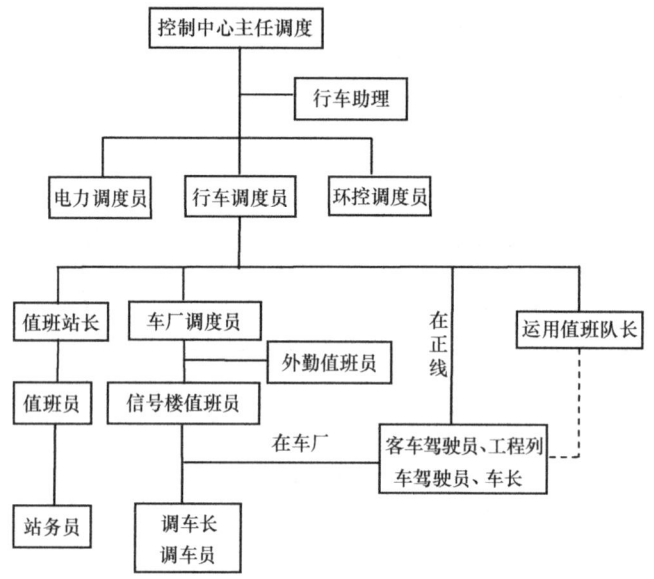

图 2-3 行车指挥执行层次

2. 运营控制中心（OCC）

OCC 是地铁运营日常管理、设备维修、行车组织的指挥中心，设有主任调度员、行车调度员、电力调度员和环控调度员，通过各调度员对全线列车运营和设备运行情况进行总的监视、控制、协调、指挥和调度。

OCC 是地铁运营信息收发中心，所有与行车有关的信息必须通过 OCC 集散；OCC 代表运营单位与外界协调联络地铁运营支援工作。

3. 车厂信号控制室

车厂信号控制室设有微型计算机联锁设备，集中控制车厂范围内的进路、道岔和信号机，隶属车厂调度员管理；车厂信号控制室与出入段线连接的车站通过进路照查电路，共同组织与监控列车进出车厂。

4. OCC、DCC、车厂信号控制室及车站的工作关系

行车工作由行车调度员统一指挥；供电设备运作由电力调度员统一指挥；环控和防灾报警设备运作由环控调度员统一指挥；行车设备的维护和故障处理由行车调度员统一指

挥，在封锁范围内也可授权或指定相关专业现场负责人进行指挥。

DCC 为二级调度机构，服从 OCC 统一指挥；车站行车组织工作由车站当班值班站长统一负责，行车值班员协助（图 2-4），值班站长必须服从行车调度员的统一指挥，执行行车调度员命令；客车上的员工由驾驶员负责指挥，工程列车上的员工由车长负责指挥。

正线发生行车设备故障，车站值班站长（值班员）应及时报告行车调度员，由行车调度员通知各相关专业调度员、值班员派人组织抢修。

三、车站行车备品的种类及管理

1. 车站行车备品的种类

车站行车备品包括劳动保护用品和专用器具两大类。

1）劳动保护用品。劳动保护用品包括安全帽、绝缘手套、沙手套、安全带、荧光背心、口笛、手电筒、强力探照灯及其充电用具、臂章等。

2）专用器具。专用器具包括钩锁器、手摇把、信号灯及其充电用具、信号旗、红闪灯及其充电用具、无线电台及其充电用具、手提广播、调度命令、行车许可证、下轨梯、拾物钳等。

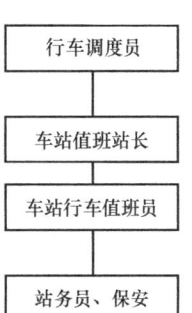

图 2-4　车站行车组织工作人员的关系

2. 行车备品的存放

要求所有行车备品要进行整理、整顿，有序摆放，摆放的地方做到干净、清爽。行车公用物品统一存放，且要存放合理，不准乱堆、乱放。个人用品放进个人专用柜。

荧光背心、口笛、信号灯及其充电用具、手电筒及其充电用具、强力探照灯及其充电用具、无线电台、红闪灯及其充电用具、手提广播及其充电用具、调度命令等放在行车备品柜的下层（非透明部分），行车许可证就近放在行车值班员随手可拿的地方。文件盒可以放在行车备品柜的上层（应具备可直视条件，如使用玻璃门）。防毒面具分散放在车控室、会议室、更衣室、站务室和站长室等房间内。行车备品柜摆放在车控室内，位置以不影响整个车控室美观为准。行车备品柜要有统一标志和备品目录表，标明备品名称、数量和负责人，柜内物品要摆放整齐、有序。钩锁器、手摇把、信号旗、下轨梯和拾物钳等放在站台监控亭内。

车控室开放式电源柜上摆放打印机、复印机和无线电台充电用具（固定），禁止摆放其他物品，但若其他设备充电也需在开放式电源柜上充电时，应摆放整齐，充完电后立即收起放回备品柜。

3. 行车备品的使用

1）正确穿戴劳动保护用品。

2）带电备品（如红闪灯）按照其使用说明提示进行使用，使用过程中要珍惜爱护，不得随意乱扔，不得损坏。

4. 行车备品的交接

每班交接班时应进行行车备品的交接，检查数量和性能及摆放状态。具体交接手续应按《备品、钥匙交接办法》的相关规定执行。

第三节 行车组织

一、正常情况下的行车组织

1. 开站前行车准备工作

1）首班车到站前 60min，行车值班员开始运营前的准备工作，检查以下内容，发现异常情况时向行车调度员汇报：

① 施工、线路出清情况，运营线路是否空闲，接触网、低压供电及环控系统的运作情况。

② 行车备品、备件是否齐全完好。

③ 道岔功能正常，站台无异物侵入限界，屏蔽门开关正常。

2）车站各岗位人员协同动作的开站程序。

① 开站前 60min，行车值班员必须巡视车站，按行车调度员命令试验道岔，检查站台和线路出清情况，并汇报行车调度员。

② 首班车到站前 30min，客运值班员要配好票，并检查售票员到岗情况。

③ 首班车到站前 15min，车站站台工作人员必须到岗。

④ 首班车到站前 15min，值班站长打开照明开关。

⑤ 首班车到站前 15min，售票员领票、款到岗。

⑥ 首班车到站前 10min，值班站长开启所有 TVM 和闸机，并组织人员开启车站大门、自动扶梯，开始服务。

⑦ 开站后，行车值班员向乘客广播候车的注意事项。

2. 接发列车作业

1）ATS 或 LOW 工作站正常使用时，车站原则上不进行接发列车作业，遇特殊情况必须接发列车时，车站、车厂接发列车人员应严格执行接发列车作业程序。

2）行车值班员根据列车到发情况，播放到站、关门以及安全相关广播，做好乘客服务，并通过 CCTV 监视列车和屏蔽门开关门状态，以及乘客上下车情况，确保乘客安全。

3）在列车进站时，车站行车值班员及站台工作人员监视列车的运行状态，注意站台乘客动态，发现危及行车安全时立即按压紧急停车按钮或显示停车手信号。

4）车站原则上不用接发工程列车，但开行装载有超长、超限、集重货物的工程列车时，车站必须派员工在站台监督运行，发现危及行车安全时应及时报告和显示紧急停车信号。

5）车站报点和填写《行车日志》的有关规定。

① 当 ATS 能正常监控到列车运行位置时，各站不必向行车调度员报点，各站间也无须相互报点，车站无须填写《行车日志》。

② 列车停站增晚超过 30s 时，值班站长和行车值班员必须向行车调度员报点并说明原因，并填写《行车日志》；当发生意外事件时向行车调度员请示，经同意后暂不报点，但

仍要填写《行车日志》并记录清楚。

③ 当 ATS 不能监控到工程列车的运行位置时，各车站要向行车调度员报点。

④ SICAS 故障采用站间电话行车法行车时，故障联锁区各站要向行车调度员报点；ATS 故障时，各联锁站要向行车调度员报点，客车在非折返站停站时分超过 90s 时，车站要向行车调度员报告原因。

二、非正常情况下的行车组织

1. 屏蔽门故障时接发列车办法

（1）屏蔽门故障的处理原则

1）原则上屏蔽门故障时状态的确认和应急处理由车站负责。

2）当运营中屏蔽门发生故障时，车站要及时做好广播通知，引导乘客上下车。

3）发生屏蔽门故障时，应坚持"在确保安全前提下，先发车后处理"的原则，确保站台乘客人身安全和便于乘客上下车。

4）故障屏蔽门修复后，由行车调度员负责组织，车站和驾驶员配合，利用下一列车进行一次相应侧的屏蔽门开关门试验。

5）需要人工手动打开单个或多个屏蔽门时，车站必须征得行车调度员同意，先将门旁路并关闭电源，并密切注意 PDP 屏显示列车到站时间；当显示"列车即将到达"信息时，必须停止操作。

6）对于不能关闭的滑动门，必须设置安全防护栏或安排专人看护；专人看护时，原则上每个人只监护五档相邻屏蔽门。

7）遇屏蔽门故障需要车站协助处理时，驾驶员可通过站台直通电话联系车站车控室；如遇电话故障，报行车调度员转达，车站必须迅速响应。

8）在反方向运行及 URM 模式下，必须使用就地控制盘（PSL）开关屏蔽门。

9）屏蔽门与信号联锁发生故障时，车站操作互锁解除开关接发列车时，先在就地控制盘（PSL）上使用开关门钥匙操作至门关闭位置（DOORS CLOSE）后，再使用互锁解除钥匙操作互锁解除开关。原则上应在头端墙操作互锁解除开关，并注意以下事项：

① 接车时：站台工作人员使用专用钥匙将就地控制盘（PSL）上的互锁解除开关转至互锁解除位置并保持，确认列车到站停妥后松开钥匙开关。

② 发车时：站台工作人员确认无夹人夹物，开启的屏蔽门已做好安全防护后，使用专用钥匙将就地控制盘（PSL）上的互锁解除开关转至互锁解除位置并保持，确认列车驶出安全区段（列车尾部离开轨道电路 S 棒）后松开钥匙开关。

（2）屏蔽门故障的判断方法

当列车不能正常进、出站，判断是否属于屏蔽门故障的方法如下：

1）站台工作人员查看屏蔽门门头状态指示灯是否报警，如果指示灯报警，则为屏蔽门设备系统故障。如果指示灯不报警，可查看就地控制盘（PSL）门关闭（ASD/EED CLOSED）指示灯是否常亮。当门关闭指示灯常亮时，表示屏蔽门设备系统无故障；当门关闭指示灯不亮时，表示屏蔽门设备系统故障。

2）车控室人员查看局域控制盘（MCP）关门指示灯是否常亮。当关门指示灯常亮时，表示屏蔽门设备系统无故障；当关门指示灯不亮时，表示屏蔽门设备系统故障。

(3) 屏蔽门故障站台工作人员的处理要点

1）屏蔽门玻璃破碎的处理：

① 发现玻璃破碎，如是滑动门，应将该门旁路并报告车控室。

② 如果玻璃未掉下来，则将其左右相邻两档滑动门旁路后处于常开状态（端门破碎时将临近的1号或30号滑动门旁路后处于常开状态）。

③ 使用封箱胶纸将破碎的玻璃粘贴住，并设置隔离带和张贴告示牌。

④ 加强监督防护，提醒乘客注意安全。

2）自动开关门联锁失败，使用就地控制盘（PSL）的专用钥匙断在锁孔中的处理（含未实现联锁的情况）：

① 列车乘客未曾下车时，通过尾端就地控制盘（PSL）开启屏蔽门。

② 确认乘客上下车完毕后，操作就地控制盘（PSL）关闭屏蔽门。

③ 后续列车到达停稳后通过尾端就地控制盘（PSL）开启屏蔽门；列车开门20s后，操作就地控制盘（PSL）关闭屏蔽门。

3）因屏蔽门故障，列车进站时自动或紧急停车的处理：

① 如发现滑动门故障，则将其旁路处理后报告车控室。

② 如有滑动门开启，则做好安全防护后报告车控室。

③ 如无明显故障，则确认站台安全后报告车控室，后续列车使用互锁解除接发车。

4）列车到站后，一个或数个滑动门不能正常打开的处理：

① 将情况报告车控室。

② 引导乘客从正常的门上下车。

③ 在故障门上粘贴故障告示。

5）列车到站后，整侧滑动门不能打开［使用就地控制盘（PSL）仍不能开启］的处理：

① 到尾端操作就地控制盘（PSL）开关屏蔽门。

② 如通过尾端就地控制盘（PSL）仍不能开启，则立即报值班站长。

③ 按每节车厢不少于一档门要求，手动打开滑动门，并将其旁路和断电。

④ 引导乘客从开启门上下车。

⑤ 乘客上下车完毕，开启的滑动门做好安全防护（或人工看护）后，向驾驶员显示"好了"信号。

6）列车发车前，一档或多档滑动门不能正常关闭的处理：

① 单个门故障时。将故障门旁路，向驾驶员显示"好了"信号，待发车后手动将该门关闭，并张贴故障告示。

② 两档门故障时。将其中一档门旁路后，手动将其关闭；到另一档故障门确认无夹人夹物后，向驾驶员显示"好了"信号，待发车后将其旁路和手动关闭，并张贴故障告示。

③ 两档以上门故障时。立即报告车控室，对开启的滑动门设置安全防护栏；开启的滑动门做好安全防护（或人工看护，人工看护时原则上每个人只能监护五档相邻屏蔽门）后，向驾驶员显示"好了"信号；待列车出发后将故障门旁路和手动关闭，并张贴故障告示。

④ 对于手动不能关闭的滑动门，加设安全防护栏，并加强监督防护。

7）列车发车时，整侧滑动门不能正常关闭［操作就地控制盘（PSL）仍不能关］的处理：

到尾端操作就地控制盘（PSL）关屏蔽门。如仍不能关闭，则立即报值班站长，并对开启滑动门设置安全防护栏；开启的滑动门做好安全防护（或人工看护，人工看护时原则上每个人只能监护五档相邻屏蔽门）后，向驾驶员显示"好了"信号；后续列车待乘客上下车完毕，做好安全防护后，向驾驶员显示"好了"信号。

8）列车发车时收不到速度码，但无滑动门开启的处理：

确认屏蔽门无夹人夹物，向驾驶员显示"好了"信号。

9）使用就地控制盘（PSL）关闭屏蔽门，打到"禁止"位后屏蔽门自动打开的处理：

到驾驶员站岗处操作就地控制盘（PSL）关闭屏蔽门，并保持在"CLOSE（关闭）"位；待列车起动并往前移动 2m 后，将钥匙恢复到"OFF（禁止）"位，拔出钥匙。后续列车仍存在同样问题时，协助驾驶员关闭屏蔽门，屏蔽门关闭后待列车起动并往前移动 2m 后，将钥匙恢复到"OFF（禁止）"位。

10）因屏蔽门故障，列车起动后突然紧急制动：

如发现屏蔽门故障，则将其旁路处理后报告车控室；如有滑动门开启，则做好安全防护后报告车控室；如无明显故障，则确认站台安全后报告车控室。后续列车使用互锁解除接发车。

11）使用互锁解除接发列车：

接到行车值班员的通知后，在头端墙操作互锁解除接车；列车到达停稳后，松开钥匙开关；乘客上下车完毕，驾驶员关闭列车客室门后，操作互锁解除发车；待列车尾部离开轨道电路 S 棒后，松开钥匙开关。

2. 屏蔽门、车门夹人夹物处理办法

（1）处理原则

① 安全第一。夹人夹物事关乘客和行车安全，任何时候都要在确保安全的前提下妥善处置。

② 服务至上。树立强烈的乘客服务理念，尽可能为乘客提供便利，做好乘客的安抚工作。

③ 就地处理。行车岗位在已知夹人夹物的情况下，必须立即处理，不得延误，若发生在区间则立即停车处理。

④ 及时汇报。驾驶员、站务人员需及时准确汇报处理过程和结果，行车调度员做好相应的指导和监控。

（2）车门/屏蔽门夹人夹物处理要点

1）列车未起动时站台工作人员的处理要点：

① 如果发现列车车门/屏蔽门夹人夹物，则立即就近按动紧急停车按钮，向驾驶员显示停车手信号。

② 在赶赴现场查看的同时将情况报告车控室。

③ 示意驾驶员重新打开车门/屏蔽门。

④ 将人或物撤出后，向车控室报告，并向驾驶员显示"好了"信号。

⑤ 值班站长到场后，协助调查处理。

2）列车已起动时站台工作人员的处理要点：

① 如果发现列车车门/屏蔽门夹人夹物，且列车已起动，则应立即就近按动紧急停车按钮。

② 立即将情况报告车控室，如果列车尚未出站，则应前往夹人夹物现场了解情况并进行处理。

③ 如果列车未停止运行，则应立即报车控室。

3. 联锁（SICAS）故障行车组织办法

1）一个或多个联锁区（SICAS）故障时，由主任调度员决定采用站间电话行车法组织行车。

2）采用站间电话行车法，每一站间区间及前方站接车站线只允许一趟列车占用，行车凭证为"行车许可证"。

① 由值班站长派站务员在每个需要接发列车的站台头端墙屏蔽门端门外方负责接发列车。

② 接发列车人员携带足够数量的"行车许可证"及黑色笔，同时携带红色信号灯或红色信号旗。

③ 接发列车人员接车时显示停车信号的位置应在屏蔽门端门外侧4m处防护栏杆的外上方（如车站设备情况不允许，可视现场情况设在最接近规定地点的安全位置处）。

④ 行车值班员必须在接到接车站电话记录号码、发车进路准备妥当后方可指示站台接发车人员向驾驶员递交行车凭证。

⑤ 接发列车人员必须在接到行车值班员的发车指示后，才能在盖有行车专用章的"行车许可证"上填写车次和日期并交给驾驶员。

⑥ 电话记录号码的规定：上行自2开始连续偶数、下行自1开始连续奇数，一个运营日内不得重复。

4. 道岔故障时的行车组织办法

（1）道岔故障时的处理原则

1）进入现场检查道岔时，应确认道岔各部件是否良好，道岔尖轨与基本轨间是否有卡异物卡住，道岔滑床板有无异物卡住。

2）确认道岔非机械故障，应人工排列列车进路接发列车；手摇道岔必须严格遵守"六步曲"。

3）一条进路上有多副道岔，摇岔人员仅对故障道岔按照规定进行处理。其他正常道岔无须作任何处理,但可与行车调度员确认开通位置。

4)按照"先通后复"原则,值班站长负责现场指挥,没有得到行车调度员允许,现场不得进行影响行车的抢修作业。

(2)道岔故障时的处理要点

1)值站及有关摇岔人员听到故障报警后应立即赶到车控室查明故障情况,了解有关进路安排。

2)清点摇岔工具,穿戴好防护用品到指定地点待命(尽可能接近下轨行区的位置),途中应与行车调度员取得联系。

3)如需到现场检查确认,经行车调度员同意,打开隧道灯,进入现场;在保证安全的前提下,走行速度可适当加快。

4)检查完毕后,及时向行车调度员汇报有关情况。

5)需要时,按行车调度员命令人工排列列车进路;摇岔人员既要分工明确,又要协助配合默契。例如:"一看",与设红闪灯可同步进行;"二开",与检查准备钩锁器可同步进行;"三摇",与准备钩锁器(含锁具)可同步进行,但两人应相互确认摇岔方向是否正确并共同确认尖轨密贴;"四确认",必须两人共同确认故障道岔及列车进路开通正确;"五加锁",与撤除红闪灯可同步进行;"六汇报",两人必须确认线路出清安全。

6)如故障影响列车运行交路,车站需停止服务清客关站时,按"车站清客程序"执行。

5. 轨行区拾物处理办法

(1)轨行区拾物处理原则

如果发现乘客物品掉落轨道,首先应确认物品是否影响行车,视情况考虑是否按压紧急停车按钮,并及时报告行车调度员,按行车调度员指令操作。取物时做好安全防护,疏散周围围观乘客。

(2)轨行区拾物处理要点

1)接到乘客通知后,立刻将情况报告车控室,并安抚乘客。

2)立即到现场查明情况,向车控室汇报情况。如果影响行车,则按压紧急停车按钮。

3)到监控亭拿挟物钳、隔离带到现场,隔离该处屏蔽门;得到值班站长指示后,用钥匙打开该屏蔽门,将物品夹起;使用挟物钳时,应注意不要高举挟物钳,以免与接触网接触,危及安全。

4)得到值班站长指示后,恢复屏蔽门的使用,撤除隔离。

第四节 行车安全

一、行车安全的重要意义

安全是地铁运营的生命线,行车安全是地铁运营安全中最重要、最核心的部分,行车安全的好坏是衡量地铁运营管理水平和各部门工作质量的主要指标之一。行车工作必须认真贯彻"安全第一，预防为主"的方针，时时、事事、处处讲安全。地铁运营安全对整个社会生活具有重要的意义和重大的影响。

二、行车安全管理架构

行车安全管理架构如图 2-5 所示。

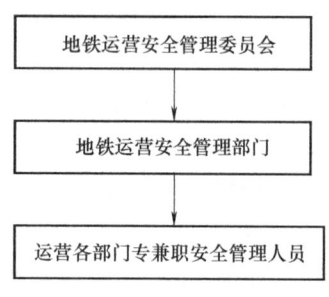

图 2-5　行车安全管理架构

三、安全教育和检查

1. 安全教育

为了实现运输安全，必须通过各种形式和方法对广大员工进行经常性的安全教育。其内容主要有：

（1）安全思想教育

安全思想教育是安全教育的重点所在，其内容包括安全生产方针、政策、重要意义、劳动纪律、作业纪律、各项规章制度和典型事故案例等。通过正反两方面的教育使基层作业人员和各级管理人员牢固树立"安全第一"的思想，强化"预防为主"的意识，正确处理好安全与效率、效益之间的关系。

（2）安全知识教育

安全知识教育包括安全生产技术知识教育和安全管理知识教育，目的是解决应知的问题。安全生产技术知识教育的内容包括运营生产特点、安全特性、设备性能、各部门作业方法及规范要求、事故成因及预防等。安全管理知识教育主要是针对安全管理人员而进行的安全教育，其内容包括运营安全管理体制和各部门安全管理体系的构成与运作、事故预测和预防、安全系统评价的基本原理和方法。

（3）安全技能教育

安全技能教育是通过对作业人员进行长期、反复训练及本人实践，把所学到的安全知识转化为动手能力的过程，主要是解决应会的问题。安全技能教育的内容包括岗位熟练操作以及防止误操作和处理异常情况的技术、知识和能力。

（4）事故应急处理教育

事故应急处理教育一般应包括事故应急处理知识教育、自我保护和自救互援教育、事故现场保护方法教育和事故应急处理演习等。通过上述教育能有效地防止事故损失扩大，为清理事故和迅速恢复正常运输秩序创造有利条件。

此外，对乘客和非地铁员工的保安、保洁、商铺等从业人员进行的地铁安全知识和安全法制宣传与教育也是安全教育管理的重要内容。

2. 行车安全检查

1）为加强安全管理工作，确保行车安全，各级安全管理部门及行车相关部门均应建立健全行车安全检查制度。

2）行车安全检查按检查形式分为日常性检查和周期性检查，按检查范围分为全面检查和专项检查。

3）检查内容包括行车安全知识、行车业务技能、作业标准化、行车备品、行车台账及培训等。

四、车站行车安全工作

车站行车安全工作除了日常的接发列车和非正常情况下的行车组织外，主要就是轨行区的安全管理。

轨行区安全管理包括运营时间设备抢修管理和非运营时间施工管理两部分。

1. 运营时间设备抢修管理

运营时间设备抢修的轨行区安全管理职责在行车调度员，进入端门前需取得车控室的同意。

若行车未中断，则进入轨行区前抢修人员必须先到车控室办理有关手续，在得到行车调度员批准并落实安全防护措施后方可进入。

若行车中断，则车站根据行车调度员指示在站台设立"故障/事故处理点"等候抢修人员，抢修作业负责人可不到车控室办理手续，但站务人员必须对进出轨行区的人数进行清点核实。抢修作业完成后，抢修作业负责人到车控室补办清点手续并办理销点手续。

除抢修人员外，其他与抢修有关的人员需进入轨行区，必须到车控室登记，车控室与抢修负责人联系，征得同意后准许其进入轨行区。

进入站台或靠近站台的第一个轨道电路区段线路的施工安全措施有：

1）抢修作业负责人或由抢修作业负责人指派的人员按规定设置红闪灯进行防护。

2）值班站长（行车值班员）在局域控制盘（MCP）上使用紧急停车按钮对相关轨道区段进行施工防护，并通知行车调度员和站台保安。

3）行车调度员自行或行车值班员通知后方站（相对于列车运行方向）把列车扣停在后方站。

4）对没有运营员工参与或配合的施工作业，站台保安要监督和确认作业人员进入的上、下行线是否正确。

2. 非运营时间轨行区施工的管理

施工人员必须先到车控室办理有关手续，在得到行车调度员批准并落实安全防护措施后方可进入。

凡进入轨行区的施工作业人员必须按要求穿荧光衣，并根据作业性质及作业要求使用其他安全防护用品。

对没有地铁运营员工参与或配合的施工作业，车站人员要监督和确认施工人员进入的上、下行线是否正确。

在两站之间的区间线路因作业需要开行工程列车时，由行车调度员指定的车站值班站长或值班员负责掌握施工情况，监督施工安全。

站内线路施工时，由施工负责人或施工负责人指派的维修人员在车站两端墙外轨道上设红闪灯防护。

在站间线路施工时，由施工负责人或施工负责人指派的维修人员在该作业区域外的两端轨道上设置红闪灯防护，如两端车站在靠近作业区域一侧的端墙看不清红闪灯时，站务人员在靠近作业区域一侧的端墙处站台上设置红闪灯防护。

站间线路施工前，由清点车站通知作业区域另一端车站值班员施工线路的占用情况，施工时两端车站检查是否需车站设置红闪灯防护；施工销点后，销点车站通知另一端车站施工结束，两端车站各自撤除本站设置的红闪灯。

思考题

1. 简述地铁行车间隔及列车停站时间的定义。
2. 列车延误及晚点是如何定义的？
3. 什么是列车折返？分为哪几种折返方式？
4. 什么是行车组织及行车指挥原则、行车指挥系统？
5. 开站前车站各岗位人员需要做哪些准备工作？
6. 简述屏蔽门故障的处理原则和工作人员的处理要点。
7. 简述屏蔽门/车门夹人夹物的处理要点及办法。
8. 简述轨行区拾物的处理原则和处理要点。

第三章

地铁车站客运组织

地铁车站客运组织工作是地铁运营生产的重要组成部分。客运组织工作的核心是安全、迅速、方便地组织客流集散，在组织的过程中车站向乘客提供优质服务，客运服务质量将直接反映出地铁运营的管理水平。

第一节 车站架构及各岗位职责

一、车站架构

地铁运营单位负责地铁运营筹备和运营生产管理，向社会提供运输服务，保证地铁运营安全、顺畅，实现运营收益目标。根据其生产需要，地铁运营可分三大块进行管理，即综合、维修和车务。

1）综合。综合负责为一线部门提供安全技术、人力、物资、后勤保障等方面的服务，确保整个公司的有序运作。架构可按安全技术、人力资源部门、物资和综合业务等分别设置。

2）维修。维修主要负责地铁车辆、工程车辆及检修设备、环控、给排水、电扶梯、屏蔽门、低压照明、AFC、SCADA、EMCS、FAS、通信信号、轨道、隧道及房建等系统的日常维护保养、计划性维修和故障性维修以及紧急状态下抢修及综合管理，保持地铁车辆、各系统设备处于良好的运用状态。架构一般按车辆检修和其他设备检修两大部门设置，也可根据不同的系统细分设置。

3）车务。车务主要负责运营方案的编制与实施，具体负责行车组织指挥、车站客运服务、票务管理和列车服务等工作。架构一般按策划部门、调度控制指挥中心、车站管理部门、票务管理部门和驾驶员管理部门来设置。

车站管理部门主要负责车站面向乘客的服务和车站人员、设备、设施的管理工作以及各车站的具体运作，包括行车、客运、票务和综合治理等，其架构与岗位设置如图3-1所示。

二、各岗位职责

1. 厅巡职责

1）到车控室签到后，接受当班值班站长布置的工作重点。

2）在车控室领取相关钥匙（票务设备钥匙、边门钥匙、自动扶梯钥匙等），在"门禁卡、钥匙借用登记本"上登记签名。领取对讲设备，在"车站备品（借）用登记本"上登记签名。

3）带齐工作备品准时到岗，正确使用 AFC 设备。对初次乘坐地铁及需要帮助的乘客进行重点关注，引导其购票和进闸乘车。在出站客流高峰期，守候在出站闸机处，引导乘客出闸和防止单程票流失。

4）负责及时处理 AFC 设备的简单故障，耐心、正确解答乘客的咨询，如遇解决不了的问题应立即汇报给车控室。

5）协助客运值班员更换钱箱和票箱并清点钱箱和票箱。

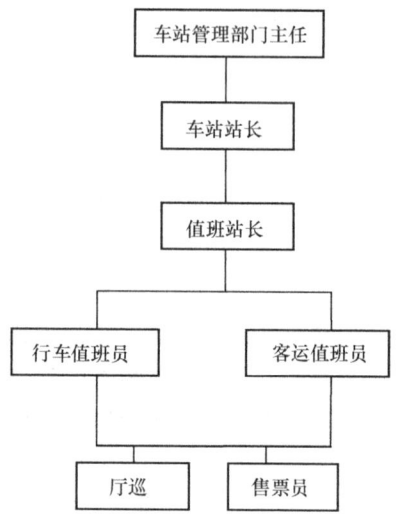

图3-1 车站管理部门的架构与岗位设置

6）每小时巡视车站一次。巡视的范围为全站、各出入口外面 5m 范围内以及地面设施，巡视的重点为出入口、楼梯、自动扶梯、垂直电梯和站厅层公共区。要求巡视必须认真、细致和周全。巡视中发现设备故障和有违反"地铁运营管理暂行办法"及"地铁乘客守则"的行为要及时报告和劝止。巡视完毕后要如实填写巡视台账，发现的问题必须在台账上详细注明，要有跟进措施，完成后签名确认。

7）按规定每天巡查车站公共区消防器材和每周巡查车站设备区消防器材，并按规定填写"灭火器检查记录"卡。

8）根据车站要求，与售票岗替换岗位，换岗时需更换服务牌。

9）参加由站长或值班站长组织的车站交接班会（完工会），学习相关的各类文件和业务知识。

10）根据车站要求，与接班厅巡进行交接。交接班内容包括对讲设备及钥匙（票务设备钥匙、员工通道门钥匙、自动扶梯钥匙等）和设备设施状况及其他需特别说明的情况。

11）运营结束后，执行关站程序，协助客运值班员收取 AFC 设备钱箱和票箱并清点钱箱和票箱。将相关钥匙及对讲设备交还车控室，并在相应台账上注销，交接完毕后签字确认。

2. 售票员工作职责

售票员工作职责是按规定处理客服中心的各项工作、完成票务报表的填写、按规定处理与乘客相关的票务事宜、完成上级布置的其他票务工作。

（1）售票员售票的相关规定

1）工作地点。售票员的工作地点是各车站的客服中心或临时售票点。

2）服务时间。车站客服中心对乘客的服务时间为营运开始至本站最后一班车开出的前 5min。

3）服务业务。售票员的服务业务有问询、售票、兑零、充值、退票、验票、挂失和异常票务事务处理等。

(2) 售票员工作流程

1) 准备售票。售票员到客运值班员处报到，领取备用金、车票等；依据"售票员结算单"上所列车票的数量、备用金等当面清点，并在"售票员结算单"上确认并签收；领取客服中心钥匙（若为第一班，则向客运值班员领取；若为接班人员，则向交班人员领取）。

2) 开窗售票。开启 BOM 设备，使用自己的密码、员工号登录，开始办理业务，有关工作要求是：售票时必须遵守"一收、二唱、三操作、四找零"；车票在交给乘客之前，必须经 BOM 分析，确保每一张车票的有效性，并需乘客确认；若有异常情况需立即通知客运值班员前来确认，不能将问题车票发售给乘客；在售票时，不得私自接受外币和支票；若车票、备用金不足时，售票员必须及时要求客运值班员补充；客运值班员补充车票、备用金后，必须在"售票员结算单"上注明；当售票员由于个人原因误收假币时，原则上由售票员负责补齐；由客运值班员依据本站的实际情况，从售票员处及时收取预收款，当面清点，并在"售票员结算单"上签收。

3) 售票结束。售票员结束本班工作时需退出 BOM 业务软件，以防他人误用员工号进行操作；收齐自己的物品、交接客服中心内的票务工器具，并在"BOM 操作员交接台账"上进行登记；到 AFC 票务室交班（详见售票员下班与客运值班员结账时的交接）。

第二节　客运组织原则及办法

一、客运组织原则

地铁客运组织工作必须遵循集中领导、统一指挥的原则。控制指挥中心（OCC）负责全线的客运组织工作，车站的客运组织由车站站长或当班值班站长负责。

二、客运组织工作宗旨

1) 安全准时。保证乘客进站、出站和乘车的安全，确保列车按列车运行图规定的时间运行。

2) 方便迅速。导向标志清晰、准确，售检票设备操作方便，确保乘客快捷到达目的地。

3) 热情周到。耐心、正确地解答乘客的咨询，主动热情地为乘客服务。

三、客运组织办法

车站日常客流组织主要由进站组织、出站组织和换乘组织三部分组成。

1. 进站组织

1) 乘客经出入口、楼梯、自动扶梯（或垂直电梯），通过通道进入车站站厅层非付费区。

2）乘客到达车站站厅非付费区，在自动售票机、客服中心或临时票亭购票后检票通过进站闸机进入付费区，持储值票的乘客可直接检票通过进站闸机进入付费区。

3）持有车票的乘客经进站闸机验票进入站厅付费区后，再通过楼梯、自动扶梯（或垂直电梯）进入站台层候车。

4）乘客到达站台，应站在黄线内候车，通过导向标志和乘客资讯系统选择乘车方向和了解列车到发时刻。

5）列车到站停稳开门后，乘客必须按先下后上的顺序乘车，站台工作人员要注意防止乘客抢上抢下。

2. 出站组织

1）乘客下车后到达车站站台，经楼梯、自动扶梯（或垂直电梯）进入站厅层付费区。

2）出站乘客通过出站闸机（单程票出闸时将被收回），进入站厅层非付费区后，通过导向标志找到相应的出入口，经通道、出入口出站。

3）通过导向标志找到相应的出入口，经通道、出入口出站。

4）车票车资不足（无效车票）或无票乘车的乘客必须到客服中心办理相关乘客事务处理后，方可出站。

3. 换乘组织

换乘的方式主要有以下两种：

（1）付费区换乘

乘客到达换乘站下车后无须通过出站闸机，直接在付费区内根据换乘导向标志指引经楼梯、自动扶梯（或垂直电梯）到达另一站台层换乘候车。付费区换乘一般包括同站台平面换乘、站台立体换乘及通道换乘。

（2）非付费区换乘

乘客到达换乘站下车后，根据换乘导向标志指引，需经楼梯、自动扶梯（或垂直电梯）到达站厅层付费区，通过出站闸机进入非付费区或出站，到另一线路重新进入付费区或进站进行换乘。

四、开关站的客运准备工作

1. 开站前车站客运准备工作

1）首班车到站前 30min，客运值班员检查售票员到岗情况，给售票员配好票、款，并对 BOM 进行管理卡认证。

2）首班车到站前 15min，值班站长打开车站正常照明；售票员领票、款后到客服中心上岗，管理卡认证成功后登录 BOM，插入工号牌，开始窗口服务。

3）首班车到站前 10min，值班站长开启所有 TVM、AVM 和进、出站闸机；厅巡、站厅保安开启车站各出入口、自动扶梯和垂直电梯，开始运营服务。

2. 关站前车站客运准备工作

1）末班车开出前 10min，行车值班员开始末班车提示广播。

2）末班车开出前5min，行车值班员暂停TVM和进站闸机，通知售票员停止售票。

3）末班车开出前，站台保安进行站台检查，确认站台乘客均已上车，无异常情况。

4）末班车开出后（始发、终到站为末班车到站后），厅巡和站厅保安进行车站清客，关闭车站自动扶梯、垂直电梯和各出、入口。

五、边门管理

车站边门设置于付费区和非付费区之间，是隔离围栏的一部分，可以单独打开和关闭上锁，平时处于锁闭状态，一般车站至少设置有两个边门。

车站边门正常情况下一般不使用，只是在车站发生突发事件需快速疏散乘客时（如闸机故障、火灾等）才可以开启，或因地铁设备、设施维修的需要需运送大型工具时才开启边门。

当地铁车票功能和种类还未完善时，车站边门还可以临时作为人工检验车票进出站的闸口，如深圳地铁一号线的车站边门暂用于老人和伤残人士免费进出站的闸口。

第三节 大客流组织办法

当车站发生可预见性大客流或突发性大客流时，车站应合理安排人员，对客流做好疏导和组织工作，并会同地铁公安人员对客流进行控制。客流控制应坚持"由内至外，由下至上"的原则，在车站出入口、进站闸机、站厅与站台的楼梯和电扶梯处进行重点控制。

一、大客流的定义、分类和特点

1. 大客流的定义

大客流是指车站在某一时段集中到达、超过车站正常客运设施或客运组织措施所能承担的客流量时的客流。

2. 大客流的分类

1）大客流按客流的时效性可分为可预见性大客流和突发性大客流。

2）大客流根据客流产生的原因可分为节假日大客流、暑期大客流、大型活动大客流和恶劣天气大客流。

节假日大客流、暑期大客流和大型活动大客流为可预见性大客流。

3. 大客流的特点

（1）节假日大客流的特点

节假日大客流主要由购物休闲、旅游观光和返乡探亲等乘客构成，在国家法定的元旦、春节、劳动节和国庆节假期内，地铁各站客流较平时有大幅上升，以购买单程票和初次乘坐地铁的乘客居多。

（2）暑期大客流的特点

暑期大客流主要由购物休闲、旅游观光和放暑假的学生等乘客构成，每年7、8月份地铁各站客流较平时有明显增加。大客流高峰时段一般集中在每日的9:00~15:00。

（3）大型活动大客流的特点

大型活动大客流的特点是在特定时间段（如大型活动前后）客流会显著增加，一般都在周末举行，因大客流所发生的时间和规模大多可预见，且持续时间较短，影响范围有限，通常只对该活动地点附近的车站影响较大。

（4）恶劣天气大客流的特点

恶劣天气大客流是指在出现酷暑、大雨和台风等恶劣天气时，地面交通受到较大影响，市民改乘地铁或进入地铁车站避雨，造成地铁车站客流明显增加，对车站客流组织带来一定困难。

二、客运设备设施的准备

1. 售检票设备的准备

在大客流发生前，设备维护人员必须事先对车站全部的售检票设备进行维护、检修，确保在大客流时售检票设备能正常使用。

2. 车票和零钞的准备

车站应根据客流预测和以往大客流所消耗的车票和零钞数，在大客流发生前向票务部门申领和储备充足的车票和零钞。

3. 临时售票亭的准备

车站根据大客流的进出方向，选择在进站客流较集中的位置设置临时售票亭。站厅面积较小的车站，可考虑将临时售票亭设置在进站客流较多的通道内。

4. 自动扶梯和垂直电梯的准备

车站需事先通知厂商对车站全部的自动扶梯和垂直电梯进行维护、检修。重点检查自动扶梯的毛刷、梳齿板和扶手带，确保在大客流三级控制时，自动扶梯能正常开启和转换。

5. 临时导向标志和隔离设备的准备

车站必须储备一些临时导向标志、告示牌和铁马、伸缩铁围栏、隔离带等隔离设备。在大客流发生前，车站根据大客流的进出方向和客流组织的要求，选择适当的位置张贴和摆放临时导向标志、告示牌和铁马、伸缩铁围栏、隔离带。

6. 其他客运设备设施的准备

大客流发生前，车站还必须准备人工语音广播和语音合成广播词、乘客资讯系统发布信息及急救药品、担架等，并根据车站工作人员的增加情况，相应地增加手提广播、对讲机等客运设备。

三、大客流组织办法和措施

车站发生大客流时，应遵照客流三级控制的原则，合理组织安排，缓解车站压力，避免发生意外。

1. 客流三级控制原则

1）坚持"由下至上、由内至外"的客流控制原则。在车站出入口、进站闸机、站厅与站台的楼梯、电扶梯处进行重点控制进站客流，组织乘客上下车。

2）坚持点控和线控的原则。控制指挥中心负责地铁全线的客流控制，车站站长或值班站长负责本站的客流控制。

3）坚持"集中领导、统一指挥"的原则。车站在实施客流三级控制之前，需向行车调度员报告。

2. 客流三级控制措施

1）一级控制为控制站台客流，控制点在站厅与站台的楼梯（或自动扶梯）口。车站应将站厅与站台之间的自动扶梯改为上行方向，避免客流交叉。

2）二级控制为控制付费区客流，控制点在进站闸机处。车站可根据实际情况适当关停部分自动售票机，进站闸机关停或将部分双向闸机设为只出不进，紧急情况下可以采用隔离带、铁马隔离进站闸机，以减缓乘客进入付费区的速度，防止付费区压力过大。

3）三级控制为控制非付费区客流，控制点在车站出入口处。车站组织人员人为地控制出入口的乘客进站速度，必要时可关闭部分出入口。

3. 大客流组织办法

1）值班站长应及时报告行车调度员，行车调度员通过监控系统加强对车站客流情况的监控。

2）车站应加强现场疏导工作，增加工作人员，利用隔离带、铁马做好秩序维护和服务组织工作。

3）当自动售票机前排队购票人数超过15人，持续时间超过10min，车站应在适当位置增设临时售票点，避免TVM前乘客排长队购票的情况出现。

4）车站根据现场情况，利用告示牌、临时导向标志、车控室广播设备和手提广播适时做好乘客的宣传、引导工作。

5）车站行车值班员应通过监控系统，加强对现场情况的监控工作。

6）车站加强对出入口、站厅、站台客流的监控及疏导，避免站厅非付费区内人员过度拥挤或流通不畅。

7）车站根据客流情况，实行楼梯和自动扶梯、闸机、出入口三级控制。

8）当站台发生拥挤时，车站应采取关闭部分自动售票机、进站闸机的措施，以减缓乘客购票进站速度，控制进站客流，或在某些出入口实行单向疏导方式，缓解站内客流压力。

9）站台保安应密切注意站台和列车情况，一旦发生列车上乘客拥挤、乘客上车有困难，车站要立刻向控制指挥中心报告。

10）列车驾驶员发现有乘客上不了车或影响车门、屏蔽门关闭时，应及时报告行车调度员，并做好广播宣传引导乘客，车站人员迅速与驾驶员共同处理。

第四节　突发事件时的客流组织办法

当发生突发事件时，车站可根据实际情况采用不同的客流组织办法对乘客进行疏导。

主要有疏散、清客和隔离三种办法。

一、疏散

1. 定义

疏散是指在紧急情况下，利用一切通道和出口迅速将乘客从危险区域全部转移到安全区域。

2. 组织方法

（1）车站疏散组织办法

值班站长的工作内容如下：

1）宣布车站执行疏散程序，在上级领导未到达前担任现场临时指挥。

2）指挥抢险或乘客疏散。

3）疏散完毕后，检查是否还有乘客滞留，关闭出入口。

4）如灾害危及车站员工安全，应组织员工到紧急出入口或后备紧急出入口集中。

5）当乘客被困在站台时，应要求行车调度员安排一列空车前往车站疏散乘客，安排人员安抚好乘客和维持站台秩序，组织全部乘客上车后，指示站台保安向驾驶员显示"好了"信号后，登乘驾驶室离开。

6）需要外部支援时，安排一名站务员到紧急出入口引导支援人员进入车站。

行车值班员的工作内容如下：

1）报告行车调度员疏散原因、是否影响列车运行、是否需要支援。

2）视情况需要致电110、120，请求支援。

3）通知地铁公安人员到场维持秩序。

4）需要时，开启相应的环控模式。

5）按动AFC紧急按钮，使闸机处于常开状态，并将TVM和AVM设为暂停服务。

6）通过乘客资讯显示系统发布疏散信息，通过广播通知银行、商铺工作人员和乘客疏散（注意尽量不要引起乘客恐慌）。

7）向站长通报有关情况。

8）当留在车控室有危险时，应到安全地点集中。

其他工作人员的工作内容如下：

1）客运值班员协助伤者离开危险区域或指引乘客疏散。

2）厅巡负责打开员工通道和协助客运值班员，视情况关停相关扶梯。

3）站厅保安协助疏散乘客。

4）站台保安将站台乘客往站厅疏散；如安排列车接载站台乘客疏散时，乘客及车站其他站台疏散人员上车完毕后向驾驶员显示"好了"信号，并进入驾驶室随车疏散。

5）售票员到楼/扶梯口维持秩序，需要时其中一人应到紧急出入口接应外部支援人员。

（2）隧道疏散组织办法

1）由行车调度员指定车站的值班站长担任临时应急负责人。
2）接收行车调度员或列车驾驶员列车需要隧道疏散的通知。
3）通知各岗位员工执行车站疏散程序，指定客运值班员负责组织指挥疏散车站乘客。
4）开启隧道灯，需要时开动隧道风机进行排烟（或由环控调度员开启）。
5）带领站务员或站台保安，穿戴好装备，到隧道疏散现场负责引导乘客往车站疏散。
6）确认乘客疏散完毕和线路出清后，报告行车调度员，关闭车站。
7）消防人员到车站后，行车调度员告知其有关情况，带领消防人员参加应急处理救援工作。

二、清客

1. 定义

清客是指当车站或列车出现异常时，需要将乘客从某一区域全部转移到另一区域。

2. 组织办法

（1）车站清客组织办法

值班站长的工作内容如下：

1）组织车站员工对车站乘客进行清客，引导乘客退票。
2）待乘客全部出站后，检查站厅站台是否有滞留乘客，关闭出入口。
3）安排车站人员到紧急出入口值勤。
4）召集车站其他工作人员留守车站等待恢复运营。
5）将情况向站长汇报，并做好详细记录。

行车值班员的工作内容如下：

1）通知各岗位员工车站停止服务，执行清客程序。
2）通知地铁公安人员到现场维持秩序。
3）做好对乘客的广播宣传工作。
4）按动 AFC 紧急按钮，使闸机处于常开状态，将 TVM 和 AVM 设为暂停服务。
5）通过乘客资讯显示系统发布车站停止服务信息。
6）关站后，执行节电照明模式。

客运值班员的工作内容如下：

1）引导乘客办理退票或出站。
2）根据需要为售票员配备零钞。
3）统计退票数量，并将回收单程票封好上交票务室。

其他工作人员的工作内容如下：

1）厅巡打开车站员工通道门，引导乘客退票或出站。
2）售票员负责办理退票。

3）保安负责维持秩序。

（2）列车清客组织办法

值班站长的工作内容如下：

1）组织站台保安人员和厅巡在规定时间内完成对列车上乘客的清客工作。

2）清客完毕后及时通知车控室，指示站台保安显示"好了"信号发车。

3）引导部分乘客退票，组织和引导部分乘客在同站台或另一站台等候下一趟列车，做好对候车乘客的解释和安抚工作。

4）将情况向站长汇报，并做好详细记录。

行车值班员的工作内容如下：

1）接到列车清客命令后，立即通知值班站长、厅巡和站台保安执行清客程序。

2）通知地铁公安到现场维持秩序。

3）做好对乘客的广播宣传工作。

4）通过乘客资讯显示系统发布相关服务信息。

5）及时将清客完毕时间汇报给行车调度员。

其他工作人员的工作内容如下：

1）厅巡和站台保安在规定时间内完成对列车上乘客的清客工作。

2）厅巡和站台保安引导乘客退票或在同站台（或另一站台）等候下一趟列车。

3）售票员负责办理退票。

4）站台保安负责维持秩序。

三、隔离

1. 定义

隔离是指采用某种方式或设备人为地隔开人群或封闭某个区域。

2. 组织方法

1）乘客发生口头纠纷时，离现场最近的工作人员要立即上前调解，必要时要把发生纠纷的双方分别带到人少的地方（或带到车站会议室），进行劝说和调解。如有其他乘客围观，应及时劝离现场，维持好车站正常秩序。

2）乘客发生打架时，离现场最近的工作人员要立即赶到现场，与车站保安人员一起把打架双方隔开，并通知地铁公安人员到场。车站控制室通知值班站长赶到现场处理，将肇事双方移交地铁公安部门进行处理。车站要及时疏散围观的其他乘客，并寻找目击证人填写事件记录。

3）当车站某一端排队购票队伍与进出客流发生交叉干扰时，车站工作人员可以利用伸缩铁围栏、隔离带和铁马等设备器具人为地隔开人群，保持进出客流畅通，并利用手提广播引导一部分乘客到人少一端购票进站，避免乘客排长队的现象。

4）车站发现有恶性传染疫情时，也必须采取隔离组织办法，关闭各出入口，列车不停站通过，对与疑似人员有过密切接触过的物品、人员进行消毒和隔离，未经防疫部门的许可乘客不能离开车站。

第五节 乘客服务

一、乘客服务要求

1. 乘客服务总要求

乘客服务的总要求是仪表端正、用语文明、服务周到、作业标准、环境整洁。

2. 乘客服务的"四到"

1）心到。心到是指精神高度集中，随时应变异常。

2）话到。话到是指主动提醒乘客安全候车，礼貌疏导客流，及时制止乘客的违章行为。

3）眼到。眼到是指密切观察乘客情况及列车运行状态。

4）手到。手到是指遇到影响乘客安全或车站服务的情况时，应立即采取相应的行动。

3. 乘客服务的"三多"

1）多巡视。多巡视是指按车站巡视要求加强对站厅购票乘客和站台候车乘客的巡视。

2）多观察。多观察是指对设备和乘客动态要多观察，及时处理异常情况。

3）多提醒。多提醒是指主动提醒乘客安全候车、有序乘车。

4. 乘客服务处理的方法

1）易地处理。易地处理是指将乘客请至房间内或僻静处进行处理，尊重乘客。

2）易人处理。易人处理是指必要时，交与其他同事处理。

3）易性处理。易性处理是指原则性与灵活性有机结合。

二、乘客服务标准

乘客服务标准是车站服务工作应达到目标的衡量尺度，也是车站服务管理的主要依据。

1. 仪容仪表标准

1）上班时间应按规定统一穿着工作制服，佩戴领带（领结）、工号牌、工作帽（在票亭、车控室、设备区当班员工可视情况不佩戴工作帽）。工号牌戴在左胸前口袋上沿中部，工号牌下沿与左胸前口袋上沿平行，并保持 1~2cm 的距离。工号牌要正戴，不得歪戴、反戴。当佩戴党（团）徽时，应将党（团）徽佩戴于工号牌中上方，彩（绶）带佩挂于左肩上。

2）着工作制服时，应衣着整洁，不缺扣，不立领，不卷袖挽裤。上装要保持干净无皱折（注意毛发灰尘），口袋内不装多余的东西，裤子干净，裤线整齐。衬衣干净无皱纹，领口无污垢，衬衣下沿应束进裤内，衬衣颜色不得过于艳丽，以白色或朴素色为标准，不着样式怪异的服饰，衬衣扣不得漏扣或缺扣，系好领带（不宜着颜色艳丽的领带）。

3）着工作制服时，应按规定穿黑色或深色的皮鞋，鞋面保持干净，不穿极度磨损的鞋及露脚趾、脚跟的鞋。

4）袜子避免艳丽刺眼的颜色，以黑色或深色的朴素颜色为主。女员工着工作裙时，长袜颜色应选择与肌肤相贴近的自然色。

5）着工作制服时，应系好皮带，皮带以黑色或深色为主，不得佩戴怪异饰物或与着装不协调的皮带。

6）保持头发干净，不留怪异的发型，不染不自然的发色。女员工低头时，保证头发不遮脸（遮住脸时要用发夹），头饰（发夹、发带）以黑色或深色（朴素色）为主。留长发的女员工着工作制服时，必须将头发挽于头发网内；避免佩戴太时髦的饰物，耳环限戴一对并控制在1cm内；不戴戒指手链（婚戒除外），项链等饰物不得外露；男员工不准留长发、大包头、大鬓角，前额蓄发不得露出帽外。注意个人卫生，经常修剪指甲，留意口腔异味。女员工可化淡妆，香水适度，可使用无色透明的指甲油，男员工不得留长指甲。

7）佩戴眼镜时，应尽量选择传统的眼镜，避免使用彩色眼镜。

8）工作制服换季按照部门规定，全线统一执行。

2. 行为举止标准

1）当班时要精神饱满，避免显露疲态。举止大方、行为端正，工作中应避免挖耳鼻、剪指甲、打哈欠伸懒腰等不雅行为。

2）巡视过程中，身体应保持挺直，精神饱满，步履稳健，时刻保持微笑和亲切友善的态度。

3）立岗时，应站姿挺拔、双手自然下垂，两脚并立。不准背手、抱臂、抱握拳、玩手指及其他物品，不得把手插进口袋或将手搭在其他物品上、斜靠墙柱、墙壁等。

4）解答乘客询问时，要耐心有礼，面带微笑，认真听取乘客的意见，耐心回答讲解，不得边走边回答，更不得不理不睬，也不得以摇头、点头等方式回答乘客，应站稳或停下手中的工作面对乘客认真回答。如工作确实无法终止，应请乘客稍等，并在工作后第一时间回答乘客，并表示适当的歉意。对自己无法回答的询问，应请教同事，不得误导乘客，不得相互推诿。

5）员工穿着工作制服在乘车、候车中，原则上不得坐在椅子上，要主动维持乘客候车、乘车秩序，帮助乘客。

6）穿着工作制服时，当与乘客相遇时，应主动点头致意侧身避让，避免碰撞乘客，与乘客视线接触时，应点头微笑表示尊敬。

7）对违反地铁有关规定的乘客应耐心解释，委婉劝解，尽量站在乘客的角度，从乘客的安全、利益等方面作出合理的解释和劝解。

8）为乘客引路或指引时，应手掌稍微倾斜、掌心稍向上，五指并拢，前臂自然上抬，应使用手掌指路，不得用手指指路。指示方向时，应面带微笑，自己的眼睛看（望）目标方向，忌用手指点乘客和自己。

9）得到乘客协助应该致以真诚的谢意。对乘客造成不便时，应该致以诚挚的歉意。

10）与有需要服务的乘客距离较远时，不能高声呼喊乘客，应主动上前询问。

11）对于已下班但仍穿着工作制服的员工，其行为举止一律按在岗时的标准执行。

三、乘客服务礼仪

乘客服务礼仪是指车站和列车在服务工作中向乘客表示尊敬的礼貌和礼节,是车站工作人员必须遵循的服务规范。掌握服务礼仪,做到礼貌待客,是做好地铁乘客服务工作的先决条件。塑造现代服务礼仪和礼貌,不但是服务人员的工作需要,而且是一个人道德文化修养的直接体现。

1. 日常礼貌用语

(1) 见面语

见面语有"早上好""下午好""晚上好""您好""很高兴认识您""请多指教"等。

(2) 感谢语

感谢语有"谢谢""劳驾了""让您费心了""拜托了""麻烦您""感谢您的帮助""谢谢您的理解或协助"等。

(3) 致歉语

致歉语有"对不起""请原谅""很抱歉""请稍等""请多包涵"等。

接受对方致谢致歉时的用语有"别客气""不用谢""没关系"等。

(4) 告别语

告别语有"再见""欢迎再次光临""祝您一路顺风"等。

2. 文明服务用语

1) 用语规范,时刻注意使用十字文明服务语言"您好、请、谢谢、对不起、再见"。

2) 在为乘客服务时,应该根据不同乘客的语言习惯使用相应的语言,如普通话、粤语、英语等。

3) 回答乘客问题或使用人工广播时,应语调沉稳、圆润,语速适中,音量适宜,避免声音刺耳或使乘客惊慌。

4) 在工作中与乘客交谈时,应根据乘客的不同身份使用恰当的称呼用语,如先生、女士、小朋友、阿婆、同志等,不得使用"嘿""喂""那位"等不礼貌或带有侮辱性的语言称呼乘客。

5) 当遇众多乘客询问时,要从容不迫——作答,不能只顾一位而冷落其他人,对暂时不能回应的应示意请乘客稍等,并表示适当的歉意。

6) 在没有听清乘客意见、建议或问话时,应礼貌地请求乘客复述,并适时表示歉意。

7) 在听取乘客意见或建议时,应态度热诚、用心倾听,并适时作出相应的回应,并对乘客表示感谢。

8) 乘客表示感谢时,应微笑、谦逊地作出回应。

9) 在按规定对违章乘客进行处罚时,应态度和蔼、得理让人,不得使用斗气、噎人、训斥、顶撞、过头及不礼貌的语言。

四、乘客投诉处理办法

乘客投诉可分为有责投诉和无责投诉两类,地铁车站员工应认真对待乘客的两类投诉，妥善进行处理。可指定部门受理，也可设立投诉热线处理乘客投诉。

1. 投诉的处理原则

1）乘客投诉的调查处理工作要及时、客观、公正。

2）处理乘客投诉按"四不放过"原则，即投诉原因分析不清不放过、责任人和其他员工没有受到教育不放过、没有制订防范整改措施不放过、责任者未受到处理不放过。

3）车站受理乘客投诉时，应使用礼貌规范用语，认真聆听、及时填写"乘客意见表"，问清乘客投诉的原因，记录相关资料内容。

2. 乘客投诉的途径

乘客可以通过乘客本人、乘客意见表、地铁热线电话、投诉信和新闻媒体等途径提出投诉。

3. 乘客投诉处理要求

1）严格执行有关信访制度。接到乘客投诉时，如有可能则及时澄清疑点；接到投诉不得推诿，必要时应及时上报有关部门领导。

2）对于乘客来信，除车站站长（或其授权人）外，其他人员不得随意拆看；来信要认真登记、填写"乘客意见表"、检查落实，并将处理结果上报有关部门。

3）对于乘客电话投诉，接电话的工作人员认真登记、填写"乘客意见表"，说明回复时间后，在规定时间报告站长（或授权人）。

4）对于上级转发过来的投诉，由值班站长认真登记投诉内容，说明回复时间后，在规定时间报告站长（或授权人）。

5）站长（或授权人）认真对投诉进行调查，在处理过程中经常与乘客保持必要的联系。

6）站长（或授权人）及时将投诉处理结果回复乘客，并表示感谢，力求使其满意；如果员工有过错，则应向乘客道歉及维护乘客合法权益。

7）站长（或授权人）将处理情况答复相关部门，对被投诉的相关责任人进行处理，组织员工进行学习谈论，吸取教训，制订改进措施。

4. 乘客投诉的受理标准

1）"忍"。在受理乘客投诉时，不应表现出抗拒的姿态，即使明知是乘客的不对，也不要急于辩解和反驳，更不能与乘客发生争辩，应耐心听乘客讲完，弄清事实，恰当处理。

2）"诚"。在受理乘客投诉时，即使不满意乘客的投诉，也应以诚恳的态度向乘客道歉，让乘客感觉到他的投诉受到重视，满足他们的自尊心，也便于工作人员更好地与乘客交流沟通。

3）"速"。在受理乘客投诉时，区别不同情况，在征得乘客同意后作出迅速而恰当的处理，不应敷衍、相互推卸责任。采取措施后，询问乘客是否需要进一步帮助。

4）"理"。在受理乘客投诉时，应公平、公正、合理地处理乘客的投诉，对乘客作出合理的解释和正确的处理，不与乘客斤斤计较，得理让人，让乘客得到满意的答复。

5）"礼"。在受理乘客投诉时，要礼貌热情地接待，耐心听取乘客意见，不卑不亢，对于比较复杂、有争议的问题，应查明真相，有理有节地作出处理。处理完毕后，要向乘客致谢,感谢乘客投诉及提出意见,促使地铁车站不断改进服务。

5. 乘客投诉的处理方法

乘客的投诉可由车站值班站长、站长及相关部门进行处理。在处理乘客投诉时,一般分三个阶段、七大步骤,即处理情绪阶段、解决问题阶段、最后阶段。

(1)处理情绪阶段

处理情绪阶段分为三个步骤:

1)接受。不要把投诉看成个人的得失,用平和的语气对乘客表达有解决问题的诚意,用恰当的语言化解乘客的怒气。

2)道歉。向乘客表示诚心的道歉。

3)确认。重视乘客的感受,请求乘客谅解并对乘客表示愿意帮忙。

(2)解决问题阶段

解决问题阶段分为三个步骤:

1)分析。专心聆听乘客的投诉,收集和分析资料,通过询问了解事情的来龙去脉。

2)解决。在职权范围内寻求解决方法和建议,若乘客不接受,则尝试其他解决方法。

3)协议。重新确定乘客已协定的解决方案。

(3)最后阶段

最后阶段只有回复一个步骤,即向乘客表达关心,并表示愿意帮忙,同时感谢乘客提出的投诉。

6. 乘客投诉回复时间

对于投诉的回复时间,一般的标准是口头投诉为3个工作日内,书面投诉为7个工作日内。

7. 乘客意见管理

建立"乘客意见管理台账,并且每月编制报告。"乘客意见管理台账"的内容主要包括:

1)事件性质(设备设施、票务政策、人员服务及其他)。

2)乘客资料(姓名、身份证号、性别、年龄、联系方式)。

3)有关员工资料(员工姓名、编号、职务、工作地点)。

4)车票资料(类别、面值、余值、购买地点、日期、误用、过期、损坏等)。

5)有关设施资料(设施编号、地点、事件前后是否正常、不正常情况表现、乘客是否离开设施、历史记载等)。

6)已采取或将采取的行动(已解决、转交其他部门、纪律处分、奖励及其他)。

7)事件详细经过。

五、轻微客伤的处理办法

1. 客伤和轻微客伤定义

客伤是指在地铁范围内发生的地铁外部人员及非在岗作业的地铁员工发生的人身伤害及伤亡事件的总称。轻微客伤是指在地铁范围内发生的地铁外部人员及非在岗作业的地铁员工发生的无须送往医院抢救、检查和治疗,可在现场简单包扎处理的轻微受伤。

2. 客伤事件的处理原则

1)车站在处理客伤事件时要以维护地铁公司形象、保护地铁公司最大利益为原则,以人为本,给予乘客必要的帮助。

2)车站在处理客伤事件时要第一时间进行取证,尽可能得到旁证及当事人签字确认。以事实为依据,客观记录,充分留下原始资料。

3)及时将(前期)处理结果报告相关部门,以备后续处理。

3. 乘客人身伤害范围

1)乘客自验票进入闸机时起至出闸机时止,对运输期间发生的乘客人身伤害,地铁公司承担运输责任。地铁公司承担的运输责任包括但不限于以下情况:

① 地铁设备设施损坏未及时修复且未设置警示、防护造成的。

② 地铁施工作业造成的。

③ 列车紧急制动造成的。

④ 地铁范围内的垂直电梯、自动扶梯突然停止运行或起动造成的。

⑤ 屏蔽门/车门夹人造成的(属于乘客强行上下列车的情况除外)。

⑥ 地铁设备设施(垂直电梯、自动扶梯、屏蔽门、车门、闸机等)发生故障造成的。

⑦ 车站或列车内湿滑未及时清理或设置防护警示造成的(因不可抗力造成的除外)。

⑧ 闸机夹人造成的(乘客强行出闸、无票尾随出闸等情况除外)。

2)其他非乘客自身责任在付费区内造成的。

① 无票人员在地铁付费区内发生的人身伤亡,比照乘客办理。

② 无票人员(包括已购票但未验票入闸的人员)在地铁非付费区内发生的人身伤亡,因地铁设备设施或管理所致的,比照乘客办理;因其自身原因所致的,原则上不予承担责任。

3)有下列情形之一造成的乘客人身伤害的,地铁公司不承担运输责任:

① 乘客违反《地铁运营管理暂行办法》而造成的乘客本人或他人伤害。

② 不可抗力造成的乘客人身伤害。

③ 乘客自身健康原因造成的乘客本人或他人伤害。

④ 能证明是乘客故意、重大过失造成的乘客本人或他人伤害。

⑤ 因第三者责任(包括斗殴或制止斗殴)造成乘客人身伤害时,受害者直接向施害的第三者索赔,地铁公司原则上不予承担责任。

⑥ 利用地铁车站通道穿行或在车站逗留、休息等无票人员因自身原因造成的伤亡,地铁车站只提供基本援助(如拨打120等),原则上不予承担责任。

4. 轻微客伤的现场处理

在地铁发生乘客伤亡事件中,以乘客轻微受伤事件发生较多。乘客在地铁范围内轻微受伤,车站宜对伤势轻微的伤者进行现场简单包扎救助,若伤者需要,可协助拨打120急救电话。

轻微客伤现场处理流程如下：

1）车站现场工作人员发现或接到受伤乘客求救时，必须立即汇报当班值班站长（或站长），并疏散围观群众，安抚和救助受伤乘客，保护事故现场，寻找目击证人，劝留证人或留下证人联系方式。当班值班站长（或站长）担任临时应急处理负责人，应立即安排其他员工携带急救医药箱赶赴现场。

2）值班站长（或站长）在对伤者进行必要的现场急救的同时，应尽量对现场进行取证，询问当事人、证人了解事情经过，填写"客伤事件调查表"，并由当事人、证人签字确认。如有必要，可采取录音、拍照和录像等方式进行记录。

3）若伤者伤势较轻可以行走，可陪护伤者到车站会议室休息，并进行安抚或包扎上药；若伤者需要，可协助拨打120急救电话。

4）若初步判断乘客受伤属于地铁公司责任，车站应立即向有关部门、单位报告。伤者提出要求去医院检查时，车站可安排车站员工陪同伤者前往医院，伤者在医院所花费用经请示同意后由车站在"伤亡紧急处理经费"中垫付［伤者费用低于500元时，值班站长（或站长）可自行决定］。伤者提出索赔时，车站应配合相关部门人员与当事人协商处理。

5. 伤亡紧急处理经费管理

1）为保证乘客出现伤亡时的及时抢救和快速处理，地铁公司应设置乘客伤亡紧急处理经费。

2）各站所配经费由车站站长负责处置，值班站长保管，并遵照地铁公司规定进行管理和使用。

六、乘客失物处理

1. 乘客失物处理原则

1）车站对失物实行专人管理。车站客运值班员负责本站遗失物品的登记、保管、认领和移交。

2）遗失物品的清点、检查、登记、认领应由双人（客运值班员以上人员）同时进行。

3）失主认领遗失物品时，应描述失物特征，出示有效证件，车站当值值班站长或客运值班员核对无误并办理有关手续后，方可将失物交还给失主。

4）如遗失物品为违禁品、危险品、机要文件、大额现金或有价票据及贵重物品时，应立即转交地铁公安部门，车站保存移交记录备查。

5）遗失物品未交还失主前，车站应妥善保管，任何单位和个人不得侵占和挪用。

6）车站只办理当天失物的认领工作，隔日的失物认领统一到失物处理中心办理。

7）遗失物品在失物处理中心保管超过3个月的，按无人认领失物处理。

2. 失物处理的工作程序

（1）一般失物的处理程序

1）车站客运值班员与失物拾获人当面检查、核对失物，并详细填写"车站失物处理登记单",注明失物数量及特征,双方签名确认。

2)根据"车站失物处理登记单"填写"失物标签",并粘贴在失物上。

3)有失主联系资料的,先即时通知失主到车站认领失物。如无失主联系资料,则车站应对失物做好妥善保管。

4)当天如无失主认领失物,车站则应在当日运营结束前利用末班车(也可在第二天)将本站失物移交失物处理中心。

(2)特殊失物的处理程序

信(文)件、现金及其他有价票据、危险品及违禁品、食品及易腐物品等属于特殊失物,按以下程序处理:

1)信(文)件。

① 有"特快专递""挂号""机密""绝密"等字样或未付邮资的信(文)件,填写"车站失物处理登记单"后立即交站内地铁公安签收处理。

② 已付邮资的一般信件由车站代为投寄。

③ 其他信(文)件按一般失物处理。

2)现金及其他有价票据。

① 2 000 元以内的现金由车站当值值班站长与车站当值客运值班员双人核实,填写"车站失物处理登记单"后装入信封密封,并加盖个人私章后妥善保管。当日无人认领时,随"车站失物处理登记单"移交失物处理中心。

② 对现金总额在 2 000 元以上和现金及有价票据总额在 2 000 元以上的,车站应要求地铁公安部门介入协助,在填写"车站失物处理登记单"后移交地铁公安签收处理。

3)危险品及违禁品。发现枪支、弹药、汽油、硫酸等易燃、易爆、腐蚀、剧毒物品时,车站人员在填写"车站失物处理登记单"后立即移交地铁公安签收处理。

4)食品及易腐物品。

① 食品及易腐物品不移交失物处理中心,可由车站自行处理。

② 有包装的食品保管期限为 72h,如无人认领由车站自行处理。

③ 无包装的食品及易腐物品(如肉类、蔬菜等),保管到当天关站时由车站自行处理。

3. 失物认领

(1)一般失物的认领程序

1)由认领人提供失物名称、遗失地点、遗失时间,车站或失物处理中心初步确认是否有认领人所提供的相符物品。

2)如有,则请认领人提供两项以上最能表现失物特征的证明;如特征相符,则由车站客运值班员及值班站长共同确认并办理认领手续。

3)认领人必须凭本人身份证或其他有效身份证明办理领取手续,认领时要求认领人如实填写相关资料,并由双方在"车站失物处理登记单"上签名确认。

4)各车站只办理当天失物的认领,其认领手续按相关规定办理。

5）车站失物当天若无人认领，则应由当值客运值班员会同本站当值值班站长确认登记后移交失物处理中心。

(2) 现金的认领程序及要求

1）车站拾得现金后，能及时找到失主的，按上述规定办理认领手续。其他情况下，现金的认领一律在乘客失物处理中心办理。

2）乘客认领现金时，确认认领人身份后方可办理认领手续，双方在"车站失物处理登记单"上做好登记签收后，即时与失主办理交接。

3）认领现金时，"车站失物处理登记单"认领事项中的证明人必须是车站站长或车站当值值班站长签名方为有效，其中500元以上、2 000元以内的现金认领，其证明人必须是车站站长。

4）失物处理中心在办理500元以上、2 000元以内的现金认领时，必须对"车站失物处理登记单"第二联进行复印备查。

4. 失物存放及保管

1）失物处理中心必须对接收到的失物建立计算机台账，并对失物进行分类存放。

2）贵重物品，如钱包、手机、首饰、有价票据、现金存款单等，必须存放于保险柜内。其他物品，如雨伞、文件、证件等，可存放于储物架或文件柜内。

3）失物处理中心工作人员每季度必须对存放失物进行清理、造册，并按有关规定进行处理。

5. 无人认领失物的处理

失物在失物处理中心保管时间超过3个月的，按无人认领失物办理。

1）对无人认领的地铁车票、现金，每月统计1次上交有关部门进行处理。共同交接时，通知相关负责人到场监督双方交接。

2）对无人认领的银行磁卡，交还给各发卡银行进行处理。银行不受理时，由失物处理中心所在车站站长或值班站长及一名车站工作人员将银行磁卡剪去一角并交由车站保洁处理，但应通知相关负责人在场监督处理过程。

4）对于无人认领的普通证件、普通文件每6个月清理1次，由失物处理中心所在车站站长或值班站长及一名车站工作人员清理后交由车站保洁处理，但此过程必须有人监督其处理。

5）其他无人认领失物每6个月清理1次，由失物处理中心统一造册，由相关负责人联系民政局或可接受捐赠部门进行处理。失物处理中心在交接无人认领失物时，相关负责人在场监督。

6. 其他

1）车站站长应经常检查遗失物品的登记、保管、移交情况，发现问题及时处理。

2）车站应保持"车站失物处理登记单"页码的完整，页脚编号不能出现少、断的情况。

3）失物处理中心与其他相关部门交接任何失物后必须保存相关记录，以便日后备查，并要及时通知相关部门人员监督执行交接过程。

思考题

1. 简述厅巡和售票员的工作职责。
2. 简述客运组织原则和客运组织的工作宗旨。
3. 简述大客流的定义、分类和特点。
4. 车站如遇大客流需要做哪些准备工作?
5. 大客流的组织办法和措施有哪些?
6. 突发事件时客流组织有何办法?如何定义疏散、清客和隔离?
7. 突发事件时各岗位人员需要做哪些工作?

第四章

地铁车站应急处理

地铁一般都处在地下或高架桥的半封闭空间内，具有隐蔽性、封锁性、人员和设备高度密集等特点，一旦发生重大事故、灾害等突发事件，人员疏散和救援困难，处置不当将产生巨大的人身和财产损失，对社会经济和人们生活造成重大影响。综观国内外城市地铁的运营情况，不乏这样的例子：2003年2月18日，韩国大邱地铁遭人为蓄意纵火，驾驶员在火灾发生时采取措施不当造成198人死亡，146人受伤；2004年2月6日，俄罗斯莫斯科地铁爆炸，大火夺去了几十人的生命，令上百人受伤；2007年7月5日，英国伦敦地铁脱轨，37名乘客受伤；2007年7月8日，我国南京地铁小行站附近地面段的供电设备被雷击，造成了中胜至安德门区间接触网断电，中断运营97min；2007年7月15日，我国上海地铁一名男性乘客因强行上车，不慎被夹在列车车门与屏蔽门之间，列车正常起动后，该乘客被挤压坠落隧道不幸身亡。

从以上列举的各国城市地铁发生的事故中，不难发现造成事故的主要原因大体可分为三方面，即人员因素、设备因素和社会或自然灾害因素，很多事故的发生都是这几种因素的综合表现。

1) 人员因素方面。人员因素主要有两类：一类是乘客未遵守安全乘车规则导致事故发生，另一类是由于工作人员工作措施不当或疏忽而引发事故的。如地铁车站发生的乘客不慎掉入或故意跳入轨道事件就属于前者；至于后者，从韩国大邱市地铁2003年那场大火中可反映出，在前方车站已经发生火灾的情况下，当事行车调度员仍然命令另一辆列车驾驶员驾驶列车驶入烟雾弥漫的站台，在车站已经断电、列车不能行驶时，驾驶员没有果断采取措施将车门打开疏散乘客，而是将车门紧闭，因此地铁驾驶员和控制中心有关人员对灾难的发生负有不可推卸的责任。

2) 设备因素方面。地铁系统是一个大的联动机，由几十个专业系统组成，设备包罗万象，任何一个系统设备（尤其是与行车有关的设备）发生故障，都可能导致地铁无法正常运转，甚至造成巨大的生命、财产损失。例如2003年8月28日，英国伦敦和英格兰东南部部分地区突然发生重大停电事故，伦敦近2/3的地铁停运，约25万人被困在伦敦地铁中。

3) 社会或自然灾害因素方面。地铁车站及地铁列车是客流密集的公众聚集场所，一旦发生爆炸、毒气、火灾等突发事件，势必造成群死、群伤或重大经济损失，严重影响社会秩序。近年来地铁接连不断地发生爆炸、毒气、火灾等社会灾害。另外，强降雨、强台风等自然灾害也很可能对城市地铁运营造成严重影响。例如：1995年3月20日，日本东京地铁遭受邪教组织"奥姆真理教"施放沙林毒气，造成十多人死亡；前面列举的南京地铁因设备遭雷击造成地铁停运事件等。

从上面列举的事故中可以看出，一个事故的发生往往是多种因素发生作用的结果。例如2003年的韩国大邱地铁遭人为蓄意纵火，有人为原因，也有车辆本身材料不具备阻燃的因素。

当突发事件在地铁车站发生时，地铁员工如果能迅速、高效、妥善地处置，则将有效预防或减少事故导致的损失。因地铁车站站务员岗位的特点，本章主要从突发公共事件的定义、通报流程、地铁车站客伤和电梯困人等一些车站常见突发事件方面进行阐述。

第一节 突发公共事件处理

一、地铁突发公共事件

地铁突发公共事件是指在地铁运营场所内，因不可预见的因素或不可控制的因素造成严重后果，必须立即处理的偶然性事件。地铁突发公共事件包括：

1）事态发展可能或已经导致人员伤亡的事件。
2）严重影响地铁运营生产的事件。
3）需要依靠外部支援进行处理的事件。

1. 地铁突发公共事件分类

（1）自然灾害

自然灾害主要包括强台风、强降雨和地震等。

（2）事故灾难

事故灾难主要包括火灾、爆炸、列车脱轨、列车冲突、列车颠覆、接触网断线、严重水浸、大面积停电和地铁建筑物坍塌等。

（3）突发公共卫生事件

突发公共卫生事件主要包括恶性传染病疫情、食品安全与职业危害事件等。

（4）突发社会安全事件

突发社会安全事件主要包括突发性大客流、重大刑事案件（炸弹恐吓、毒气、劫持）、有毒化学物质泄漏和放射性物质扩散等。

2. 地铁突发公共事件的处理原则

1）坚持"高度集中、统一指挥、逐级负责"的原则。
2）坚持"先救人，后救物；先全面，后局部"的原则，优先组织人员进行疏散和伤员抢救，同时兼顾重点设备和环境的保护，将损失降至最低限度。
3）坚持"就近处理"的原则。地铁突发公共事件发生时，在上一级应急处理负责人到达现场前，员工应按表4-1规定担任现场临时应急处理责任人；在上一级应急处理负责人到达现场后，则由上一级应急处理负责人担任现场指挥。

表 4-1　突发公共事件处理责任人

序　号	发 生 处 所	现场临时负责人
1	列车上（列车在区间）	本列驾驶员
2	列车上（列车在车站）	所在站值班站长
3	车站	所在站值班站长
4	区间线路上	行车调度员指定的值班站长
5	车厂	车厂调度员
6	其他场所	现场职务最高的员工

4）员工要反应迅速，做到早发现、早报告、早控制。

5）员工在突发公共事件应急处理过程中应兼顾现场的保护工作，以利于公安、消防和事件调查部门的现场取证。

6）坚持对外宣传归口管理的原则，不得擅自发布相关信息。

二、信息通报的原则、内容及流程

突发公共事件信息通报应遵循"迅速、准确、完整"的原则，任何员工发现或接到突发公共事件信息时，均应立即执行规定的通报流程，不得延误、中断或缺漏。

在进行突发公共事件信息通报时，一般应包括如下内容：

1）报告人姓名、职务、单位。

2）事件发生类别、时间、地点。

3）事件发生概况、原因（若能初步判断）及影响运营程度。

4）人员伤亡情况、设施设备损坏情况。

5）已采取的措施。

6）任何需要的援助（包括救援、救护、支援）。

7）其他必须说明的内容及要求。

地铁运营场所发生突发事件时，员工发现后应迅速报告，以便各有关方面积极采取措施，高效调动地铁公司有利资源，确保能有效控制事件的发展态势，将损失降到最低限度。因此，地铁公司内部必须建立起一套行之有效的信息通报流程。一般来说，地铁的信息通报遵循以下流程：突发公共事件现场→控制中心→应急处理专业机构和外部支援（图 4-1）。

如果突发事件发生在车站或车厂，则现场人员有条件时应立即致电 110 报警中心或 120 急救中心；车厂调度员或车站值班站长/行车值班员接报后（车厂、车站其他值班人员接报也应问清并立即转报车厂调度员或车站值班站长/行车值班员）应问清现场报告人员是否已经致电 110 报警中心或 120 急救中心；若无，则应立即致电报告；若有，则也应致电复核。

如果突发事件发生在区间，则行车调度员接现场人员报告或设备监控报警后，应由行车调度员或主任调度员致电 110 报警中心或 120 急救中心。

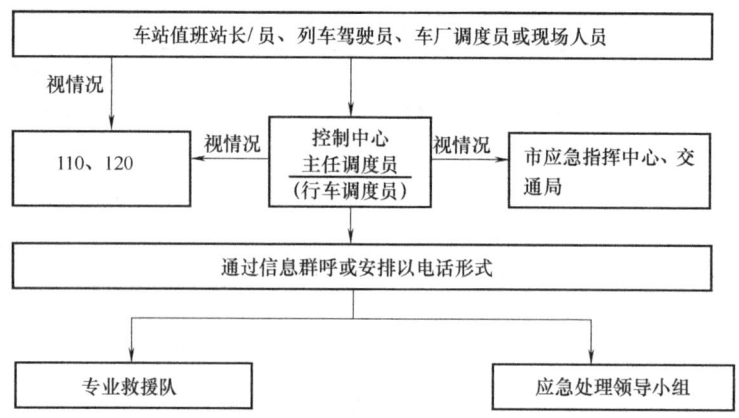

图 4-1 具体通报流程

如果突发事件发生在区间的列车上,则驾驶员(接现场人员报告后)应立即报告行车调度员,由行车调度员或主任调度员致电 110 报警中心或 120 急救中心。

控制中心所通知的外部支援是指地铁公安分局、公交公司、交通局、市应急指挥中心、民防委员会办公室(地震局)以及有关防灾抗震和紧急事务的政府组织机构等,具体由主任调度员决定通知范围。

各专业救援队接到突发事件通报后,应按照本专业部门内部先前制订的通报流程分别向本部门相关人员进行通报。

第二节　车站突发事件处理

一、地铁客伤

地铁客伤是指乘客在地铁车站或地铁列车上,身体某部位受到伤害或突发疾病。地铁车站针对此部分乘客采取的措施即为地铁客伤处理。

1. 关键指引

1)发现乘客受伤或突发疾病时,应想办法尽快通知其家人。

2)如受伤乘客影响列车运行,应立即扣停列车或采取措施防止列车进入影响范围。

3)列车上发现乘客受伤或突发疾病时,由车站人员上车将乘客扶(抬)到站台处理。

4)接到报告或发现乘客受伤,应立即寻找目击证人,并记录好目击证人的联系资料。

5)客伤处理过程中车站员工只对乘客明显外伤作简单包扎处理,治疗工作交医护人员负责。

6)如因地铁设备造成事故,应停止该设备的运作(影响列车运行的设备除外)。

2. 一般处理流程

1)车站接报或发现乘客发生客伤后,应第一时间派人赶到现场,了解情况,掌握乘客发生客伤的原因,并及时做好记录。

2)视伤(病)者的情况,询问伤(病)者是否需车站协助致电120急救中心,征得同意后帮助伤(病)者致电120急救中心。如伤(病)者伤(病)势很严重,不及时救护可能会有生命危险,车站应及时致电120急救中心,同时车站需致电行车调度员、车站站长及运营单位客伤主管部门相关人员。

3)寻找目击证人,并设法留下其联系方式,对现场进行拍照,必要时对有关区域进行隔离。

4)询问伤(病)者家人联系电话,设法联系其家人尽快来车站。

5)伤(病)者家人到站后,由其家人将其接走,如车站已致电120急救中心,救护人员到达后,车站协助将伤(病)者送至救护车上。

6)如果乘客认为是车站原因导致其受伤,要求车站派人陪同其去医院时,则车站人员应请示站长及运营单位客伤主管部门,获允许后方可派人陪同。

3. 站务人员岗位(厅巡)行动指引

在值班站长或值班员的安排下:

1)现场发现乘客客伤后立即报告车控室,或接值班站长通知后赶赴现场,了解伤(病)者情况及初步原因。

2)如果因地铁设备造成事故,则应停止该设备运作(影响列车运行的设备除外),并报告车控室。

3)疏散围观乘客,并寻找目击证人,收集有关资料,记录证人有关资料,以便协助调查。

4)需要时,协助对乘客外伤进行简单包扎处理。

5)如果调查需要,则应保护好现场,协助设置隔离带,并用照相机对现场进行拍照。

6)必要时,根据值班站长安排,到紧急出入口引导120急救中心人员进站。

7)必要时协助相关人员进行事故调查。

二、电梯困人

1. 关键指引

1)发现或接报后,迅速派人到现场,在维修人员到达前尽量安抚好乘客,以稳定乘客情绪。

2)立即报告电梯厂家及运营单位设备维修部门。

2. 一般处理流程

1)车站接到被困电梯乘客求助后,立即派人前往现场安抚乘客,并疏散围观乘客,同时向维修部门、电梯厂家报告。

2)将情况报告给行车调度员、站长等有关人员。

3)到达现场后在事发垂直电梯前设置停用标志和隔离带。

4)维修人员到达现场后,车站派人协助其工作。

5)待乘客救出后,与维修人员确认电梯状态,决定是否开启,并向行车调度员汇报具体情况。

6）如果乘客受伤,则应按客伤程序处理。

3. 站务人员岗位（一般为厅巡）行动指引

在值班站长或值班员的安排下：

1）立即前往现场协助值班站长安抚好乘客,疏散围观乘客,并在垂直电梯前设置停用标志和隔离带。

2）维修人员到达后,协助其工作。

3）如乘客受伤,则按客伤程序处理。

三、水浸出入口

1. 关键指引

1）暴雨期间,各岗位应加强巡视,发现情况及时汇报。

2）发现车站出入口水浸,应及时设置防洪设施,防止雨水涌入站内。

2. 一般处理流程

1）加强车站出入口巡视,发现出入口外积水比较严重时,立即报告行车调度员及有关部门。

2）设置相关警示牌,组织保洁员工进行积水清扫,组织人员搬运沙袋,必要时设置防洪设施。

3）视情况关闭相应出入口,设置多级防洪设施。

4）当出入口水浸得到彻底消除后,组织员工恢复正常工作。

3. 站务人员岗位行动指引

在值班站长或值班员的安排下：

1）按要求到该出入口查看,设置"小心地滑"告示警示牌或隔离带、防护栏等,提醒乘客注意安全,并将情况报告给车控室或值班站长。

2）如有需要,则应根据安排协助搬运沙包等防洪物品,设置防洪设施,防止雨水涌入站内。

3）视情况停止该出入口自动扶梯运行;如有需要,协助关闭相应出入口。

4）加强巡视,如水将涌入车站,报告值班站长,并做好防淹排水工作。

5）出入口关闭后,引导乘客由别的出入口出站。

6）配合维修部门进行排水。

7）水退后,协助撤除防淹设施,开启相应出入口。

四、乘客按下列车上乘客紧急通信装置（PECU）

地铁列车每节车厢上装有 3 个乘客紧急通信装置（PECU）,分别安装在每节车厢的 5/7、10/12、17/19 车门上,当乘客按下其中一个 PECU 时,可通过此装置与驾驶员进行通话;在复位前,当其他乘客需要与驾驶员通话,按下其他 PECU 时,将无法直接与驾驶员进行通话。此时,一般需要车站员工到列车上去进行 PECU 复位。复位时,使用专用钥匙（方棒钥匙）插入右转即可。

1. 关键指引

1）复位前，必须询问清楚需进行 PECU 复位的列车车厢位置。

2）复位结束后，及时显示"好了"信号，以便列车尽快出发。

3）如果在列车停站时间内无法快速找到需复位的 PECU，则员工可随车查找，直至完成复位，下车后需立即报告所在车站车控室，由其转报行车调度员。

2. 站台工作人员行动指引

1）待列车到站后或列车起动前，接到车控室要求复位的通知后，询问清楚需复位的 PECU 的具体位置，找到后迅速使用专用钥匙进行恢复。

2）处理完毕，在站台上向驾驶员显示"好了"信号，并报车控室。

五、乘客拉下车门紧急解锁手柄

如果地铁列车车厢里的车门紧急解锁手柄被拉下，则需对其进行复位后列车才能正常开出，否则将造成列车运行延误。

每节车厢有 10 个车门紧急解锁手柄，位于每个车门的左侧立柱处（客室内面对车门），在紧急情况下，当列车已停在车站，并且车门已对应站台位置，需要乘客自行疏散时使用。车门紧急解锁手柄的复位需使用方形专门钥匙进行。复位时，将专用钥匙插入右转即可。

通常，若列车在车站动车前，紧急解锁手柄被拉下，运行方向前一单元的车厢车门紧急解锁手柄复位由驾驶员负责，后一单元由车站人员负责处理。

1. 关键指引

1）如果要求前往复位，则必须询问清楚需进行紧急解锁手柄复位的列车车厢位置。

2）复位结束后，需及时显示"好了"信号，以便尽快发车。

2. 站台工作人员行动指引

1）待列车到站后或列车起动前，接到车控室要求复位的通知后，询问清楚需复位的紧急解锁手柄的具体位置，找到后迅速使用专用钥匙复位紧急解锁手柄。

2）处理完毕，在站台向驾驶员显示"好了"信号，并报车控室。

六、车站全部自动售票机（TVM）发生故障

1. 关键指引

1）当车站全部自动售票机（TVM）发生故障时，车站需及时售卖预制单程票或通过票务处理机（BOM）出售单程票。

2）当预制票的存量仅能维持 2h 而自动售票机（TVM）仍未修复时，车站需及时联系申请配发预制票。

2. 一般处理流程

1）当车站发现或接到全部自动售票机（TVM）发生故障的报告，经客运值班员或值班站长到现场进行确认后，立即安排给各售票窗口配备预制单程票进行出售或通过票务

处理机（BOM）出售单程票。

2）在自动售票机（TVM）前设置"暂停服务"标志牌，引导乘客到售票窗口购票，维持好乘客购票秩序。

3）向票务设备维修部门报告故障，维修人员到达后派人配合其工作。

4）当现有窗口售票能力不能满足需要时，应及时启用临时售票亭。

5）监控车站各售票窗口的售票速度，当设备仍未修复而预制单程票仅可维持售卖2h时，及时向票务部门申请配发预制单程票。

6）故障修复后，应撤除"暂停服务"标志牌，引导乘客到自动售票机（TVM）前购票，各岗位恢复正常工作。

3. 各岗位行动

（1）厅巡

1）发现车站全部自动售票机（TVM）发生故障时，应立即向车控室或值班站长报告。

2）在自动售票机（TVM）前放置"暂停服务"标志牌。

3）引导乘客到客服中心购票，维持好乘客购票秩序。

4）必要时，应根据值班站长的安排，进入客服中心或临时售票亭售卖预制票。

5）故障修复后，应撤除自动售票机（TVM）前的"暂停服务"标志牌和故障告示，引导乘客到自动售票机（TVM）上购票。

（2）售票员

1）按值班站长的安排，向乘客出售预制票。

2）向客运值班员报告预制票的售卖及结存情况。

七、车站全部出站闸机发生故障

1. 关键指引

1）当车站全部出站闸机发生故障时，车站应需及时开启员工通道门让乘客出站，并回收出站乘客的单程票。

2）做好乘客的解释工作。

2. 一般处理流程

1）当车站发现或接到全部出站闸机无法使用的报告时，应立即派客运值班员或值班站长现场检查确认，并报告相关部门、车站站长。

2）确认后，开启员工通道门让出站乘客出闸，并回收出站乘客手中的单程票，指引持储值票的乘客到客服中心处理或告知其可在下次乘车时在任意站处理，做好相关解释工作。

3）在全部故障出站闸机前设置"暂停服务"标志牌，派人引导乘客从员工通道门出闸。

4）待故障修复后，撤除"暂停服务"标志牌和隔离带，关闭员工通道门，引导乘客从出站闸机出闸。

3. 站务人员岗位人员行动指引

（1）厅巡

1）发现车站全部出站闸机发生故障时，应立即向值班站长报告。

2）在故障出站闸机前设置"暂停服务"标志牌及隔离带。

3）协助客运值班员，引导乘客从员工通道门出站，回收乘客的单程票，并做好乘客解释工作。

4）故障修复后，撤离"暂停服务"标志牌及隔离带，引导乘客从出站闸机出站。

（2）售票员

办理乘客相关事务，做好乘客解释工作。

八、车站全部进站闸机故障

1. 关键指引

1）当车站全部进站闸机发生故障时，车站需及时开启员工通道门让乘客进站，并进行人工检票。

2）做好乘客的解释工作。

2. 一般处理流程

1）当车站发现或接到全部进站闸机无法使用的报告时，应立即派客运值班员或值班站长现场检查确认，并报告行车调度员、相关部门及车站站长。

2）确认后，开启员工通道门让持票乘客进闸，进行人工检票，并告知乘客在出站时需到客服中心处理，同时做好乘客相关解释工作。

3）在全部故障进站闸机前设置"暂停服务"标志牌，派人引导乘客从员工通道门进闸。

4）待故障修复后，撤除"暂停服务"标志牌和隔离带，关闭员工通道门，并引导乘客从进站闸机进闸。

3. 站务人员岗位行动指引

（1）厅巡

1）发现车站全部进站闸机发生故障时，应立即向值班站长报告。

2）在故障进站闸机前设置"暂停服务"标志牌及隔离带。

3）协助客运值班员，引导持票进站乘客从员工通道门进站，进行人工检票，并做好乘客解释工作。

4）故障修复后，撤离"暂停服务"标志牌及隔离带，并引导乘客从进站闸机进闸。

（2）售票员

办理乘客相关事务，做好乘客解释工作。

九、车站全部票务处理机（BOM）发生故障

1. 关键指引

1）在售票窗口设置"暂停服务"标志牌，引导需对储值卡充值的乘客到自动增值机

（AVM）上办理充值业务。

2）对不能正常进出闸的乘客，指引其从车站员工通道门进出，回收出站乘客的单程票，并告知持储值票的出站乘客在下次进站时如无法正常进站，可到任一车站客服中心处理。

3）做好乘客解释工作。

2. 一般处理流程

1）车站发现和确认全部票务处理机（BOM）发生故障后，应立即在售票窗口设置"暂停服务"标志牌，并引导需对储值卡充值的乘客到自动增值机（AVM）上办理充值业务。

2）派人在各进出站闸机处看护，对不能正常进出闸的乘客，开启车站员工通道门并指引其从车站员工通道门进出，同时回收出站乘客的单程票。

3）将故障情况报告票务设备维修部门、行车调度员及车站站长。

4）故障修复后，应撤除售票窗口"暂停服务"标志牌，关闭车站员工通道门，恢复售票窗口正常工作。

3. 站务人员岗位行动指引

（1）售票员

1）发现全部票务处理机（BOM）发生故障时，无法使用时，应立即报告值班站长，并设置"暂停服务"标志牌和张贴故障告示。

2）待值班站长或客运值班员确认故障后，根据值班站长的安排，在客服中心前引导需充值的乘客到自动增值机（AVM）上办理充值业务。

3）看护客服中心旁的进出站闸机，对不能正常进出闸的乘客，开启员工通道门，指引其从员工通道门进出，同时回收出站乘客的单程票。

4）在客服中心窗口张贴告示牌，向前来购票的乘客做好解释工作，告知乘客到自动增值机（AVM）充值。

5）做好钱票的保护工作。

（2）厅巡

1）引导乘客在 AVM 上进行充值。

2）经值班站长授权后打开员工通道门，安排非付费区无法正常进闸的持票乘客从员工通道门进站；安排付费区无法正常出闸的持票乘客从员工通道门出站，并回收乘客手中的单程票。

十、车站全部 AFC 设备发生故障

车站全部 AFC 设备故障一般是指车站的自动售票机、自动增值机、自动验票机、票务处理机和闸机全部无法使用。

1. 关键指引

1）确认后，组织员工售卖纸票，并及时报告故障和通知有关部门。

2）根据车站人员情况，将进出站各一组闸机中若干闸机通道设为常开状态，进行人工检票。

2. 一般处理流程

1）车站接报 AFC 设备故障后，由客运值班员以上人员到现场进行检查确认。

2）确认全部 AFC 设备故障后，车站应及时报告行车调度员、维修相关部门、票务部门和站长等。

3）在故障设备前及时设置故障告示牌，并引导乘客到客服中心购买纸票。

4）经请示行车调度员同意后，及时组织员工售卖纸票，根据车站人员情况，将进出站各一组闸机中若干闸机通道设为常开状态，进行人工检票，同时做好乘客解释工作。

5）设备故障修复后，组织员工恢复正常运营服务。

3. 站务人员岗位行动指引

在值班站长或值班员的安排下：

（1）厅巡

1）发现 AFC 设备发生故障后，应及时报告车控室，并设置故障和暂停服务告示牌。

2）根据安排，引导乘客到客服中心或临时售票亭购买纸票，并做好乘客解释工作。

3）将进出站各一组闸机中若干闸机通道设为常开状态，在进站闸机处进行人工检票，或在出站闸机处对出站乘客的单程票进行回收。

4）必要时，进入客服中心或临时售票亭担任售票员工作。

5）配合维修人员的工作。

6）故障修复后，恢复岗位正常工作。

（2）售票员

1）发现票务处理机（BOM）发生故障后，应及时报告车控室，并设置故障告示牌。

2）根据安排，及时售卖纸票，并做好乘客的解释工作。

3）故障修复后，恢复岗位正常工作。

十一、全站停电

以深圳地铁车站全站停电后有关设备为例，其后备电力维持能力为：事故照明能维持 1h；EMCS、SCADA、FAS 系统能维持 0.5h；AFC 系统维持 0.5h（其中闸机为 15min，15min 后自动转换为常开状态）；通信能维持 2h；信号能维持 1h；屏蔽门能维持开关门 3 次。

1. 关键指引

1）处理车站停电事件最重要的原则是在后备电力供应能力内将所有乘客安全疏散出站。

2）车站停电后应确认电梯内是否有人被困。

3）全站停电后，应关闭车站（出入口只出不进）。

2. 一般处理流程

1）全站停电后，应立即报告行车调度员和相关部门、站长，并派人到出入口张贴告示，关闭车站出入口（乘客只出不进）。

2）如果有列车停靠车站，应广播注意事项，并派人拿应急灯到站台照顾乘客上下车。

3）接到行车调度员疏散命令后，应通知车站员工停止车站服务，打开全部闸机和员工通道，执行车站疏散程序。

3. 站务人员岗位行动指引

在值班站长或值班员的安排下：

（1）厅巡

1）打开员工通道门，拿手电筒或应急灯、手提广播到站台协助乘客上下车，确保安全；或在站厅维持秩序，引导乘客疏散，并做好乘客解释安抚工作。

2）乘客疏散完毕后，关闭相应出入口（紧急出入口除外）。

3）修复正常供电后，恢复岗位正常工作。

（2）售票员

1）锁好票款，停止售票兑零，在站厅负责相关区域乘客的疏散。

2）乘客疏散完毕后，关闭相应出入口。

3）修复正常供电后，恢复岗位正常工作。

十二、火灾

火灾中人员的伤亡，80%以上是由于窒息或被有毒烟熏致死。逃离烟雾区时，要尽量低头弯腰快速地前进，弯腰前进时，要使头部保持在距地面60cm以下。由于地铁车站相对比较密封，一旦发生火灾，后果会非常严重。发生火灾的原因可能是乘客携带易燃危险品所致，也可能是恐怖分子所为。

根据火灾发生的地点不同，地铁火灾可分为车站火灾和列车火灾。车站火灾因位置的不同又可分为站台火灾、站厅火灾和设备区火灾；列车火灾因着火部位的不同又可分为列车头部火灾、列车中部火灾和列车尾部火灾；根据事发列车所在位置，列车火灾还可分为列车在车站站台发生火灾（也称为列车因火灾停在站台）和列车在区间发生火灾（也称为列车隧道火灾或列车因火灾停在区间）两种情况。列车因火灾停在站台按站台火灾程序处理。

发生火灾时应按以下关键指引进行火灾处理：

1）保障乘客和员工的人身安全。

2）迅速通报。

3）在保证员工自身安全情况下尝试灭火。

下面分别就站台火灾、站厅火灾、设备区火灾、隧道火灾和列车隧道火灾的一般处理流程和站务员岗位行动进行阐述。

1. 站台火灾

（1）一般处理流程

1）通过火灾报警系统（FAS）监控到站台火灾报警或接站台发生火灾的报告后，应派人到现场确认是否发生火灾，如果属误报，则应初步查明原因并报行车调度员和环控调度员。

2）如果现场确认发生了火灾，则应立即致电110报警中心和行车调度员，视情况致电120急救中心、地铁公安部门。

3）按车站疏散程序紧急疏散车站范围内的乘客和相关人员，广播通知乘客、设备区施工和巡检人员、银行、商铺工作人员等迅速离开车站（注意不要引起乘客恐慌），协助有困难的乘客离开危险区域并做好疏散指引导向工作。

4）启动车站站台火灾排烟模式。

5）需要时设置事故处理中心，值班站长担任临时应急处理负责人，负责各单位之间的协调。站长接到报告后，应立即到站接替值班站长负责指挥处理。应急处理领导小组负责人到达后，由其担任应急处理负责人。

6）乘客疏散完毕后，关闭车站出入口（紧急出入口除外）并张贴告示。

7）如果火势很大，则应组织员工从车站撤离，到紧急集合地点集中，并做好消防人员进入灭火现场的导向标志，引导消防人员到现场灭火。

8）消防人员到场后，车站汇报有关情况，将灭火工作交给消防人员，同时做好应急处理救援配合工作。

9）在接到可以恢复运营的指令后，清理现场，恢复运营。

10）协助事故调查工作。

（2）站务人员岗位行动

厅巡的行动如下：

1）接到火灾情况报告后，应根据值班站长的安排，到现场确认是否发生火灾。

2）如果确认现场未发生火灾，则应了解误报原因，并报告车控室。如果确认现场发生火灾，则向车控室报告有关情况，同时在保障自身安全的前提下尝试灭火。

3）当火势较大，员工无法现场立即扑灭时，应按值班站长要求执行车站疏散程序，开启员工通道门，在车站站厅做好相关区域的乘客疏散工作，或根据值班站长的安排到车站站台进行乘客疏散，协助有困难的乘客离开危险区域，并做好疏散指引导向工作。

4）根据值班站长的安排到车站出入口接应和引导消防人员等外部支援人员的到来。

5）乘客疏散完毕后，根据要求关闭车站出入口（紧急出入口除外）并张贴告示。

6）如果火势很大，则按要求撤离到紧急集合地点集中，并协助值班站长做好消防人员进入灭火现场的导向指引，以便引导消防人员到现场灭火。

7）消防人员等外部支援人员到场后，在值班站长的安排下，配合支援人员的工作。

8）在接到值班站长可以恢复运营的指令后，协助清理现场，恢复本岗位工作。

售票员的行动如下：

1）接值班站长要求执行车站疏散程序的指令时，应立即停止服务，锁好票款，开启员工通道门，到车站站厅相关区域进行乘客疏散工作，协助有困难的乘客离开危险区域，并做好疏散指引导向工作。

2）根据值班站长的安排到车站出入口接应和引导消防人员等外部支援人员的到来。

3）乘客疏散完毕后，应根据要求关闭车站出入口（紧急出入口除外）并张贴告示。

4）如果火势很大，则按要求撤离到紧急集合地点集中，并协助值班站长做好消防人员进入灭火现场的导向指引，以便引导消防人员到现场灭火。

5）消防人员等外部支援人员到场后，在值班站长的安排下，配合支援人员的工作。

6）在接到值班站长可以恢复运营的指令后，协助清理现场，恢复本岗位工作。

2. 设备区火灾

（1）一般处理流程

1）通过火灾报警系统（FAS）监控到设备区火灾报警或接设备区发生火灾的报告后，派人到现场确认是否发火灾，如果属于误报，则应初步查明原因并报行车调度员和环控调度员。

2）如现场确认发生火灾，对于气体灭火系统保护房间，立即启动气体灭火；对非气体灭火系统保护房间，就地取用灭火器进行灭火。

3）如果因气体灭火系统失效或因火势较大，车站无法控制和立即扑灭，则应立即致电110报警中心和行车调度员，视情况致电120急救中心、地铁公安部门，并按车站疏散程序紧急疏散车站范围内的乘客和相关人员，广播通知乘客、设备区施工和巡检人员、银行、商铺工作人员等迅速离开车站（注意不要引起乘客恐慌）。协助有困难的乘客离开危险区域，并做好疏散指引导向工作。

4）启动车站设备区火灾排烟模式。

5）需要时设置事故处理中心，值班站长担任临时应急处理负责人，负责各单位之间的协调。站长接到报告后，立即到站接替值班站长负责指挥处理。应急处理领导小组负责人到达后，由其担任应急处理负责人。

6）乘客疏散完毕后，关闭车站出入口（紧急出入口除外）并张贴告示。

7）如果火势很大，则应组织员工从车站撤离，到紧急集合地点集中，并做好消防人员进入灭火现场的导向标志，引导消防人员到现场灭火。

8）消防人员到场后，车站应汇报有关情况，将灭火工作交给消防人员，同时做好应急处理救援配合工作。

9）在接到可以恢复运营的指令后，清理现场，恢复运营。

10）协助事故调查工作。

（2）站务人员岗位行动

厅巡的行动如下：

1）接到火灾情况报告后，根据值班站长的安排，到现场确认是否发生火灾。

2）如果确认现场未发生火灾，则应了解误报原因，并报告车控室。如果确认现场发生了火灾，则应向车控室报告有关情况，同时在保障自身安全的前提下尝试灭火。

3）当火势较大，员工无法现场立即将其扑灭时，应按值班站长要求执行车站疏散程序，开启员工通道门，在车站站厅做好相关区域的乘客疏散工作，或根据值班站长的安排到车站站台进行乘客疏散，协助有困难的乘客离开危险区域，并做好疏散指引导向工作。

4）根据值班站长的安排，到车站出入口接应和引导消防人员等外部支援人员的到来。

5）乘客疏散完毕后，应根据要求关闭车站出入口（紧急出入口除外）并张贴告示。

6）如果火势很大，则应按要求撤离到紧急集合地点集中，并协助值班站长做好消防人员进入灭火现场的导向指引，以便引导消防人员到现场灭火。

7）消防人员等外部支援人员到场后，在值班站长的安排下，配合支援人员的工作。

8）在接到值班站长可以恢复运营的指令后，协助清理现场，恢复本岗位工作。

售票员的行动如下：

1）接到值班站长要求执行车站疏散程序的指令时，应立即停止服务，锁好票款，开启员工通道门，到车站站厅相关区域进行乘客疏散工作，协助有困难的乘客离开危险区域，并做好疏散指引导向工作。

2）根据值班站长的安排，到车站出入口接应和引导消防人员等外部支援人员的到来。

3）乘客疏散完毕后，应根据要求关闭车站出入口（紧急出入口除外）并张贴告示。

4）如果火势很大，则应按要求撤离到紧急集合地点集中，并协助值班站长做好消防人员进入灭火现场的导向指引，以便引导消防人员到现场灭火。

5）消防人员等外部支援人员到场后，应在值班站长的安排下，配合支援人员的工作。

6）在接到值班站长可以恢复运营的指令后，协助清理现场，恢复本岗位工作。

3. 隧道火灾

（1）一般处理流程

1）通过隧道光纤温度监测系统监控到隧道火灾报警或接隧道发生火灾的报告后，报告行车调度员，根据行车调度员的安排，派人携带防毒面具和防护、通信工具，到现场确认是否发火灾，如果属于误报，则应初步查明原因并报行车调度员和环控调度员。

2）如果现场确认隧道发生了火灾，并且火势较小时，则应在做好个人防护的情况下，立即利用隧道消火栓尝试灭火。如果火势较大，无法很快扑灭，则应立即报告行车调度员，并致电或由行车调度员致电110报警中心，同时撤离现场，视情况致电120急救中心、地铁公安部门。

3）根据环控调度员的安排，启动车站隧道火灾排烟模式。

4）需要时设置事故处理中心，值班站长担任临时应急处理负责人，负责各单位之间的协调。站长接到报告后，立即到站接替值班站长负责指挥处理。应急处理领导小组负责人到达后，由其担任应急处理负责人。

5）消防人员到场后，车站应汇报有关情况，将灭火工作交给消防人员，同时做好应急处理救援配合工作。

6）协助维护好车站乘客秩序，做好乘客解释工作。

7）如果隧道火势很大，需要车站疏散或清客，则应按疏散和清客程序执行。

8）协助事故调查工作。

（2）站务人员岗位行动

厅巡的行动如下：

1）接到火灾情况报告后，根据值班站长的安排，穿戴好个人防护用品，随同值班站长前往现场确认是否发生火灾。

2）如果确认现场未发生火灾，则应了解误报原因，并报告车控室。如果确认现场发生了火灾,并且火势较小,则应在做好个人防护的情况下,立即和值班站长一起利用隧道消火栓尝试灭火。如果火势较大,无法很快扑灭,则应听从值班站长的指挥,迅速撤离现场。

3)协助维护好车站乘客秩序,做好乘客解释工作。

4)根据值班站长的安排,到车站出入口接应和引导消防人员等外部支援人员的到来。

5)如果隧道火势很大,需要车站疏散或清客,则应按疏散和清客程序执行本岗位行动。

6)消防人员等外部支援人员到场后,在值班站长的安排下,配合支援人员的工作。

售票员的行动如下:

1)做好乘客解释工作,需要时给乘客办理退票手续。

2)如果隧道火势很大需要车站疏散或清客,则应按疏散和清客程序执行本岗位行动。

4. 列车因火灾停在隧道

(1)一般处理流程

1)接到行车调度员列车发生火灾并停在区间隧道需要隧道疏散的通知后,立即执行车站疏散程序。

2)跟行车调度员复核确认致电 110 报警中心,视情况致电 120 急救中心、地铁公安部门。

3)广播通知乘客、设备区施工和巡检人员、银行、商铺工作人员等迅速离开车站(注意不要引起乘客恐慌)。协助有困难的乘客离开车站并做好疏散指引导向工作。

4)开启隧道灯,必要时根据环控调度员的安排启动列车隧道火灾排烟模式。

5)根据行车调度员的安排,在确保员工做好个人防护的前提下,应安排员工进入隧道引导乘客往车站方向疏散,乘客疏散到车站后组织往站外疏散。隧道疏散过程中如遇疏散线路上有通往邻线的通道,应在该处派人引导,防止乘客误入邻线。

6)需要时设置事故处理中心,值班站长担任临时应急处理负责人,负责各单位之间的协调。站长接到报告后,应立即到站接替值班站长负责指挥处理。应急处理领导小组负责人到达后,由其担任应急处理负责人。

7)隧道列车及车站乘客疏散完毕后,关闭车站出入口(紧急出入口除外)并张贴告示。

8)消防人员到场后,车站应汇报有关情况,将灭火工作交给消防人员,同时做好应急处理救援配合工作。

9)在接到可以恢复运营的指令后,清理现场,恢复运营。

10)协助事故调查工作。

(2)站务人员岗位行动

厅巡的行动如下:

1)根据值班站长的安排,穿戴好防护用品和值班站长前往隧道列车位置进行隧道乘客疏散或在车站组织乘客疏散。

2）如果在车站执行车站疏散程序，则应开启员工通道门，在车站站厅做好相关区域的乘客疏散工作，或根据安排到车站站台进行乘客疏散，协助有困难的乘客离开危险区域，并做好疏散指引导向工作。或根据安排到车站出入口接应和引导消防人员等外部支援人员的到来。

3）如果安排进入隧道组织乘客疏散，则在隧道疏散过程中如遇疏散线路上有通往邻线的通道，应在该处派人引导，防止乘客误入邻线。

4）乘客疏散完毕后，根据要求关闭车站出入口（紧急出入口除外）并张贴告示。

5）消防人员等外部支援人员到场后，在值班站长的安排下，配合支援人员的工作。

6）在接到值班站长可以恢复运营的指令后，协助清理现场，恢复本岗位工作。

售票员的行动如下：

1）接到值班站长要求执行车站疏散程序的指令时，立即停止服务，锁好票款，开启员工通道门，到车站站厅相关区域进行乘客疏散工作，协助有困难的乘客离开危险区域，并做好疏散指引导向工作。

2）根据值班站长的安排到车站出入口接应和引导消防人员等外部支援人员的到来。

3）乘客疏散完毕后，根据要求关闭车站出入口（紧急出入口除外）并张贴告示。

4）如果火势很大，则应按要求撤离到紧急集合地点集中，并协助值班站长做好消防人员进入灭火现场的导向指引，以便引导消防人员到现场灭火。

5）消防人员等外部支援人员到场后，应在值班站长的安排下，配合支援人员的工作。

6）在接到值班站长可以恢复运营的指令后，协助清理现场，恢复本岗位工作。

十三、恶劣天气（台风）

1. 关键指引

1）加强巡视，重点检查暴露地面的设备设施加固情况，发现情况及时处理。

2）准备好防护备品，提前做好防洪准备。

3）发现异常及时通报。

2. 一般处理流程

1）当班负责人（值班站长）组织员工加强车站的巡视，注意检查暴露地面的灯箱、广告牌以及导向标志（包括与车站有关的相邻单位的设备设施防护牢固情况），发现异常及时上报处理。

2）检查车站出入口防洪卷闸门状态是否良好、出入口外排水设施是否畅通，并准备好防洪沙袋。

3）加强车站各出入口的保洁清扫工作，同时加强车站安全广播，防止乘客在车站滑倒，导致受伤。

4）如果强台风造成突发性大客流，则应立即报告行车调度员，按突发性大客流程序处理。

5）如果因强台风造成隧道积水，则应按行车调度员指示派符合资格人员登乘列车驾驶室进行轨道巡查。

6）若水害较严重，则应按行车调度员要求组织员工关闭车站，停止车站运营服务。

7）与行车调度员保持密切联系，发现异常及时上报，并将车站情况向有关主管部门上报或请救支援。

8）强台风过后，按行车调度员指示组织员工恢复运营。

3. 站务员岗位行动

（1）厅巡

1）在值班站长统一安排下加强车站巡视。

2）如果强台风造成突发性大客流，则应按突发性大客流程序处理。

3）当强台风较严重，导致需要关闭车站时，应在值班站长统一指挥下关闭车站，停止运营服务。

4）强台风过后，进行相关恢复运营准备工作，恢复运营。

（2）售票员

维持正常工作，如果强台风造成突发性大客流，则应按突发性大客流程序处理。

十四、车站、列车上发现恶性传染病

恶性传染病是指由城市疾病预防控制中心确定的易于在人群中传播的严重传染病。恶性传染病源的出现信息一般由城市疾病预防控制中心发出，地铁运营员工接到通知后，应配合城市疾病预防控制中心控制人流。控制中心（OCC）环控调度员根据传染病的性质可采取全通风模式，或者在列车到达前关闭或授权车站关闭车站的空调系统，通风系统只吸入新风而不向外界排风，防止传染病毒扩散。

1. 关键指引

1）做好员工个人防护，确保自身安全。

2）对病源及病源所在列车或车站采取整体隔离措施，严禁疏散，防止传染病进一步扩散。

2. 一般处理程序

1）车站接到命令后，通知员工做好个人防护，停止车站服务，关闭车站，禁止所有乘客、员工出入站，并耐心做好恰当的解释广播。

2）如果传染源在列车上，则应车站接到准备接入事发列车的命令后，立即疏散车站乘客和大部分员工或车厂大部分员工。进站停车后暂时不能开启车门和屏蔽门，等候专家到达后经行车调度员同意再开启，并广播安抚乘客、协助隔离检查。

3）配合公安维持现场秩序。

4）将有关情况向主管领导报告，如站长、站务室主任。

5）等候专家到来，配合其处理，按专家与警方意见执行行动。

3. 站务人员岗位行动

1）如果传染源在车站，则应做好个人防护，协助关闭车站；如果传染源在列车上，则根据值班站长的安排，在车站准备接入事发列车前，暂时离开车站。

第四章 地铁车站应急处理

2）如果传染源在车站，则应在做好个人防护的前提下，根据值班站长的安排，维护车站乘客秩序。

十五、车站发现放射性物质

1. 关键指引

立即组织员工和乘客迅速撤离车站，迅速报告。

2. 一般处理流程

1）发现放射性物质后，立即报告110报警中心、120急救中心及行车调度员，停止车站运营服务。

2）撤离车站员工，禁止携带任何站内物品到站外，撤离前应报告行车调度员，并留下车站联系方式。

3）组织安排受影响人员进行体检，并通知放射源附近的乘客等待体检。

4）组织员工协助专业部门对车站进行检查。

5）协助事故调查和清理现场。

3. 站务人员岗位行动

1）接到值班站长下达停止车站运营服务通知后，关闭车站。

2）在值班站长的组织下撤离车站。

3）必要时，在值班站长的安排下，协助专业部门对车站进行检查。

十六、车站、列车上有毒化学物质泄漏

1. 车站处理的关键指引

1）立即疏散乘客，并组织员工撤离车站。

2）停止车站服务，关闭除紧急出入口外的车站出入口，防止不明乘客进入。

2. 一般处理流程

1）发现车站有有毒化学物质泄漏时，应立即报告行车调度员、110报警中心、120急救中心。

2）在做好个人防护的情况下，通知各岗位员工执行车站疏散程序。

3）乘客疏散完毕后，关闭除紧急出入口外的其他出入口，防止不明情况的乘客再次进入车站，组织所有员工撤离至紧急集合地点。

4）救援人员到场后，车站向其汇报有关情况，协助其工作。

5）配合专家行动。

6）向车站站长、站务室主任汇报有关情况。

3. 站务人员岗位行动

1）在穿戴好防毒面具、防护服、手套后，在值班站长的指挥下，执行车站疏散程序。

2）乘客疏散完毕后，员工撤离至紧急集合地点。

3）在值班站长的安排下，配合专家的行动。

十七、列车发现有毒气体应急处理程序

1. 关键指引

1)立即疏散乘客,并组织员工撤离车站。
2)停止车站服务,关闭除紧急出入口外的车站出入口,防止不明乘客进入。

2. 一般处理流程

1)发现车站有有毒化学物质泄漏时,应立即报告行车调度员、110 报警中心、120 急救中心。
2)在做好个人防护的情况下,通知各岗位员工执行车站疏散程序。
3)乘客疏散完毕后,应关闭除紧急出入口外的其他出入口,防止不明情况的乘客再次进入车站,并组织所有员工撤离至紧急集合地点。
4)救援人员到场后,车站应向其汇报有关情况,协助其工作。
5)配合专家行动。
6)向车站站长、站务室主任汇报有关情况。

3. 站务员岗位行动

1)在穿戴好防毒面具、防护服、手套后,在值班站长的指挥下,执行车站疏散程序。
2)乘客疏散完毕后,员工撤离至紧急集合地点。
3)在值班站长的安排下,配合专家的行动。

十八、车站突发性大客流

1. 关键指引

由于突发性大客流不可预见,最重要的处理原则是竭尽全力控制拥挤程度和人群秩序,谨防出现混乱和由混乱引发人身伤亡事件。

2. 一般处理流程

1)出现大客流时,车站立即报告行车调度员,密切注意事态发展,对大客流原因进行初步判断。
2)根据初步判明的原因和客流量增加情况,必要时启动车站人潮控制方案。如果站台乘客较多,则应将站台与站厅间的向下扶梯改为向上,以加快乘客出站;安排员工减缓售票速度和关闭部分自动售票机;关闭部分进站闸机,减缓进闸速度。
3)若客流仍不断增多,则应指示员工停止售票,并做好解释工作;关闭全部自动售票机、全部进站闸机,客流压力缓解后,请示行车调度员恢复正常运营。
4)当客流持续增加时,应派人关闭部分出入口(只出不进),实行分批进闸,广播建议乘客转乘其他交通工具或地铁安排的接驳汽车;若仍无法缓解,则应请示行车调度员关闭所有出入口(只出不进)。
5)必要时请求地铁公安和调配其他站员工到站协助。
6)将有关情况报告站长、站务室主任。
7)必要时,请求内、外部支援,若有人身体不适或受伤,则除车站进行紧急救护外,

还应及时致电 120 急救中心。

8）做好宣传和乘客解释工作。

3. 各岗位行动

站务员岗位员工在值班站长的指挥下，执行车站人潮控制方案。

十九、车站接到炸弹恐吓

1. 关键指引

1）当接到恐吓电话时，应保持冷静，并设法多了解一些信息。

2）在不打扰乘客的情况下，对车站进行地毯式巡查，发现可疑情况及时上报。

3）迅速报警，根据警方意见采取行动。

2. 一般处理流程

1）组织员工巡视辖区所有地点，检查有否可疑人员或物品，隔离可疑区域。在保证人身安全的前提下组织车站员工寻找炸弹源。如果发现炸弹源，则应立即隔离该区域，并不得触碰。

2）警方、应急处理领导小组到场后，向其汇报有关情况，引导警方到现场处理，协助其工作。

3）按照警方要求执行相关程序，根据警方意见进行疏散或其他行动。

3. 站务人员岗位行动

（1）厅巡

1）根据值班站长，对车站相关区域范围进行巡视，检查有否可疑人员或物品。

2）发现可疑人员或物品立即报告，对可疑物品划定区域进行隔离。

3）当需要疏散时，应根据值班站长安排执行疏散程序。

（2）售票员

当需要疏散时，应根据值班站长安排执行疏散程序。

二十、地铁发生劫持人质事件

地铁范围发生劫持人质事件一般分为两种情况：在列车上劫持人质和在地铁车站劫持人质。

1. 关键指引

1）确保员工自身安全。

2）确保乘客安全。

3）迅速报警。

2. 一般处理流程

在列车上劫持人质：

1）按行车调度员指令，立即执行车站疏散程序。

2）列车到站后，车站协助疏散列车上乘客。

3）若发现停在站台上的列车被劫持，则车站应立即扣停列车，组织列车、站台乘客疏散。报告行车调度员和致电110报警中心、120急救中心。

4）列车、车站乘客疏散完毕后，车站员工应撤离到安全地点。

5）配合警方处理、取证和寻找目击证人。

6）事件处理完毕后，按警方通知向行车调度员报告，请求车站恢复服务。

7）清理现场，组织恢复车站服务。

3. 站务人员岗位行动

1）根据值班站长的安排，立即执行车站疏散程序。

2）如果站厅发生劫持事件，则应将站厅通往站台的电扶梯全部改为下行，在站台与站厅间阻拦乘客上站厅，对人工监护不到的电扶梯，设置隔离栏警示乘客不可由站台上至站厅，或根据值班站长安排到站台组织乘客全部上列车疏散。

4）如果站台发生劫持事件，则应将站厅通往站台的电扶梯全部改为上行，组织站台乘客疏散至站厅，在站台与站厅间安排员工阻拦乘客下站台，或在站台与站厅间设置隔离栏，警示乘客不可由站台上至站厅。

5）乘客疏散完毕后，撤离到安全地点。

6）在值班站长的安排下，配合警方处理、取证和寻找目击证人。

7）事件处理完毕后，接值班站长恢复运营指令，清理现场，恢复岗位正常工作。

思考题

1. 什么是地铁突发公共事件？地铁突发公共事件的处理原则有哪些？
2. 地铁突发事件信息通报的内容及流程分别是什么？
3. 什么是地铁客伤？
4. 发生地铁客伤时站务人员的工作职责是什么？
5. 车站突发性大客流的一般处理程序是什么？
6. 地铁火灾的分类有哪些？
7. 站台火灾的一般处理流程是什么？
8. 站台火灾发生时站务人员职责是什么？

第五章

地铁车站设备操作

第一节 行车设备

一、道岔

手摇道岔的操作步骤（前提是先进行断电操作）如下。

1. 看

看道岔开通位置是否正确（左、右位规定：面向尖轨方向，道岔开通方向在人的左侧为左位，反之为右位；或面向尖轨方向，尖轨密贴基本轨左侧，道岔开通右位，反之为左位）；道岔尖轨及辙岔心处是否有杂物，如有杂物，则及时清扫。

2. 开

视情况打开盖孔板及钩锁器的锁，拆下钩锁器。

3. 摇

摇动道岔，将其转向所需的位置，在听到"咔嚓"的落槽声或确认尖轨与基本轨密贴后停止。

4. 确认

手指尖轨，"尖轨密贴开通×位"并和另一人共同确认。

5. 加锁

确认正确后，用钩锁器锁定道岔尖轨，盖上盖孔板并上锁。

6. 汇报

向车控室汇报道岔开通位置正确，人员出清。

二、屏蔽门

1. 屏蔽门的自动操作

1）在正常运行模式下，列车到站并停在允许的误差范围内，信号系统（SIG）发出允许开门的命令。

2）各种安全因素经过列车驾驶员的人工确认后，按压开门按钮，屏蔽门自动打开。

3）当列车停站时间到，信号系统（SIG）即发出允许关门命令。

4）各种安全因素经过列车驾驶员的人工确认后，按压关门按钮，屏蔽门自动关闭。

2. 就地控制盘（PSL）操作

当因信号系统（SIG）故障失效或屏蔽门系统控制柜（PSC）对屏蔽门控制单元（DCU）控制发生故障时，由驾驶员或被授权操作人员操作就地控制盘（PSL）控制屏蔽门的开关。

1）开门操作。插入钥匙，转动到开门位置，整侧屏蔽门打开完毕。

2）关门操作。转动钥匙到关门位置，整侧屏蔽门关闭完毕。

3）取出钥匙并带走，操作完毕。

3. 门道故障隔离操作步骤

1）当某个门道出现故障不能关闭时，插入模式开关钥匙切换到隔离位置（转向左边），隔离该档门。

2）排除故障后，将该门道的模式钥匙开关切换到自动位置（中间位置），将门恢复到自动控制。

3）钥匙从模式开关上取出并带走，操作完毕。

4. 关门障碍时的操作

1）门关闭时，如遇障碍物，门后退一段距离，障碍物清除后，门关闭且锁紧。

2）如果障碍物依然存在，循环4次后，门完全打开，门头发出声光报警。

3）经授权人员操作隔离该门道，并向相关人员报告。

5. 应急情况的操作

（1）滑动门手动操作

1）当系统级控制和站台级控制均不能操作屏蔽门时。

2）在站台侧由站台工作人员用钥匙打开滑动门。

3）在轨道侧由驾驶员通过车内广播通知乘客使用滑动门上的手动解锁手柄自行开启屏蔽门。

（2）应急门的手动操作

1）当列车无法在规定范围内停车，偏离量较大，而且乘客无法从滑动门进出时。

2）站台工作人员在站台侧用钥匙打开应急门。

3）在轨道侧由列车驾驶员通过广播指导乘客压推杆锁打开应急门。

（3）端门的手动操作

1）当隧道内发生火灾、列车出轨等情况，需要在隧道内停车时。

2）乘客将从车厢疏散到隧道。

3）乘客压推杆锁打开端门，或由站台工作人员在站台侧用钥匙打开端门。

4）乘客通过端门进入站台。

（4）屏蔽门控制开关（PCS）操作步骤

当发生火灾时，车站值班员视具体情况可操作屏蔽门控制开关（PCS），打开或关闭屏蔽门。

1）将钥匙插入屏蔽门控制开关（PCS），如图5-1和图5-2所示。

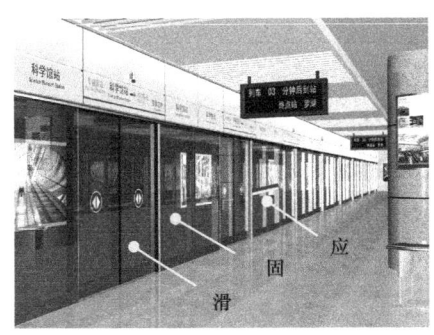 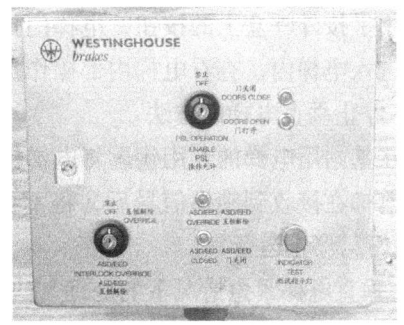

图 5-1　屏蔽门　　　　　　图 5-2　屏蔽门控制开关

2）转到开门位置，整侧屏蔽门将打开。

3）转到关门位置，整侧屏蔽门将关闭。

(5) 专用钥匙的管理

1）提供屏蔽门操作的专用钥匙，应由车控室统一管理，每把钥匙应有明确的标志。

2）模式开关、滑动门、应急门的钥匙应在站台监控亭内存放一份，方便紧急时使用。

6. 日常巡视时应注意的问题

1）注意观察站台人群的拥挤情况，维护好乘客候车的秩序。

2）检查屏蔽门门体有无破损，玻璃有无爆裂。

3）检查滑动门开关是否顺畅。

4）检查地坎的垃圾和积尘是否影响到滑动门的开关。

5）检查站台侧屏蔽门有无漏渗水的现象。

三、垂直电梯

1. 安全使用要点

1）严格按操作规程进行操作。

2）电梯的井道、紧急检修控制板和钥匙要严格处于受控状态，保证除专业人员外，其他人不得进入或掌控。

3）告知乘客安全乘梯要领：不能擅自强行拉门，不赶乘电梯，乘梯时不准在梯内蹦跳等。

4）如需保持电梯门敞开，应由专人按"开门"开关，不能用异物阻挡电梯门。

2. 垂直电梯（GEN2）的基本操作

(1) 启动垂直电梯的方法

1）查看垂直电梯厅门的周围有无障碍物，层站的通道是否畅通，楼层的显示是否正常。

2）在基站用电梯的专用钥匙将电梯锁拧至开启位置启动电梯，如图 5-3 所示。

图 5-3　垂直电梯开关

3）用手按外呼盒上的按钮，电梯门打开。

4）进入电梯内，查看电梯内部操作是否正常。

（2）停止垂直电梯的方法

1）在基站用电梯的专用钥匙将电梯锁拧至停止位置。

2）电梯在接收到锁梯信号后，将不再响应其余呼梯信号，直接进入基站，打开门后电梯将关门，停止运行。

（3）垂直电梯紧急情况下的处理方法

1）当有紧急的情况出现时，首先要使乘客保持镇静，组织疏导乘客离开轿厢，然后停止电梯的运行，最后关闭电梯的总电源。

2）当电梯在运行中因供电中断、电梯故障等原因突然停驶而将乘客困在轿厢内时，站务人员应安抚好乘客，维护现场秩序，通知专业人员前来救援。

3）在地铁车站处于消防状况时，电梯将接收到车控室的消防信号，电梯自动处于消防状况，即电梯立即不响应所有呼梯信号，直接到达基站开门，然后停止运行，直至消防状况取消。

（4）紧急情况消除后的处理

在紧急情况消除后，应由专业维修人员对电梯进行全面检修，确认没有问题后方可使用。

四、自动扶梯

1. 安全使用要点

操作人员应严格按操作规程进行操作；要有专门的清洁人员从事扶梯的清洁工作，防止灰尘、杂物进入梯内或缝隙，保证扶梯正常运行；加强现场管理，做好各种宣传和警示，特别要注意小孩乘梯时的安全防护；不准乘客擅自按急停按钮，携带婴儿车或过重、过长物品时不准乘用扶梯，防止任何异物掉入扶梯内，并需防止扶梯内积水。

（1）自动扶梯紧急情况下的处理方法

1）一旦在扶梯中发生乘客失足摔倒或其他紧急情况，应立即按下"紧急停止按钮"，使扶梯停止运行，并采取相应的救护措施。

2）扶梯有故障时，安全系统起保护作用而使扶梯紧急停车，此时应停用该扶梯并通知专业人员来检修，在专业人员到来之前用护栏拦住扶梯，严禁乘客进入。

3）当车站发生火灾时应立刻疏散乘客，停止扶梯运行，切断扶梯总电源。

4）扶梯机房进水或出入口扶梯因暴风雨而被严重淋湿时，应停用扶梯并切断总电源（包括动力及照明电源）。

5）发生地震时，应立即疏导乘客离开扶梯，然后将扶梯停止运行，并切断电源。

（2）紧急情况消除后的处理

在紧急情况消除后，应由专业维修人员对扶梯进行全面检修，确认没有问题后方可使用。

（3）自动扶梯的急停开关

1）每个车控室提供一个扶梯的急停开关，该开关能使车站内的全部扶梯同时停止。

2）该开关带有金属罩壳，正面是透明的有机玻璃，打破有机玻璃后才能使用该开关。

3）操作时需遵守相关的规定。

2. 电扶梯专用钥匙的管理

1）钥匙应固定放置在车控室内且标志明确，无关人员不得拿走。

2）管理人员交班时应完成钥匙的交接。

第二节　票　务　设　备

一、闸机

1. 闸机状态判断

在使用闸机工作过程中，通过闸机的声光报警信息可以判断此时闸机所处的状态。

涉及声光报警部件主要有优惠/报警指示灯、整机蜂鸣器、乘客显示器蜂鸣器、通道可用指示器、乘客通行指示器和乘客显示器等。

（1）优惠/报警指示灯

1）闪橙色——所消费的卡为优惠票。

2）闪红色——目前此方向通道不可使用。

3）不亮——目前此方向通道可正常使用。

（2）整机蜂鸣器

短促鸣叫——通道内有乘客或物体导致通行传感器被挡住。

（3）乘客显示器蜂鸣器

1）短促鸣叫——所刷票卡为有效正常票卡或无效票（非黑名单票）。

2）长鸣——所刷票卡为黑名单票。

（4）通道可用指示器

1）亮绿色——所刷票卡为正常有效票卡，乘客可顺利通过。

2）亮红色——所刷票卡为无效票卡，乘客禁止通过。

（5）乘客方向指示器

1）长亮绿灯——此通道可让乘客顺利通过。

2）闪绿灯——紧急放行模式，请乘客尽快通过。

3）长亮红灯——此通道禁止通行。

4）闪红灯——通行传感器被挡住或设备处于维护状态等。

（6）乘客显示器

1）显示"请稍候……"——程序启动，设备自检中。

2）显示"欢迎使用，请刷卡"——正常工作状态，乘客可刷卡通过。

3）显示"暂停使用"——该方向目前不可被使用。

2. 票箱更换

步骤1：用闸机钥匙打开出站方向的维护门。

步骤 2：30s 内输入您的用户名和密码，并按"确定"键。

步骤 3：选择 1 进入"票箱操作"菜单。

步骤 4：再选择 1 进入"更换票箱"菜单。

步骤 5：按维修单元面板上的 F1 键及 F2 键分别松开票箱 1 及票箱 2。

步骤 6：取出票箱并放入空票箱（推入票箱时请勿用力过猛），并使新更换的票箱到位。

步骤 7：按功能键 F3 锁定该票箱，并按"确认"键。

步骤 8：关上维护门，离开通道，并确认闸机正常工作。

3. 简单故障处理

闸机简单故障处理方法见表 5-1。

表 5-1　闸机简单故障处理方法

序号	故障现象	可能的故障原因	解决方法
1	开机无显示	无电源输入	检查电源及显示器的连接情况或联系专业维护人员
		部件连接异常	
2	提示请稍候……	通行传感器异常或被异物遮挡	打开维护门检查传感器指示灯或联系专业维护人员
3	提示暂停服务（非上级系统控制）	维护门打开或维护门传感器异常	检查维护门情况并联系专业维护人员
		票箱满或不到位	更换票箱
		机芯故障	联系专业维护人员
		卡读写模块故障	检查主机与读写模块的连接情况或联系专业维护人员
		维护模块通信异常	对维护模块重新加电或联系专业维护人员
4	登录不成功	输入用户名或密码错误	重新输入
5	设备报警	维护时未在限定时间内登录	重新登录
		3 次登录均失败	重新验证用户名和操作密码
		更换票箱后未到位或完成未确认	重新到位并确认完成

二、自动售票机

1. 状态判断

整机状态指示器用于显示设备当前工作状态，主要显示接收的硬币和纸币信息、暂停服务信息和人工维护信息等。

乘客显示器和红外触摸屏用于显示有关售票操作指示和交易信息，有中英文双语提示，采用触摸式操作。

2. 基本操作

（1）补充单程票步骤

步骤 1：在后维护门感应区刷门禁卡，听到"嘟"一声后，用钥匙打开后维护门。

步骤2：在维护单元上输入用户名和密码后按"确认"键，在菜单上选择"日常操作"。

步骤3：选择"补充单程票"。

步骤4：选择"补充票箱1"或"补充票箱2"。

步骤5：将待补充的单程票箱放入相应的加票位置，用钥匙打开票箱后拉开挡板，等单程票全部掉入HOPPER内后，关上挡板、锁上并取下单程票箱。

步骤6：若所加入的单程票数量与维护单元上默认值不一致，则必须按"清除"键清除该默认值，重新输入正确的数量，并按"确认"键。

步骤7：返回登录主菜单，选择"注销退出"，并按"确认"键。

步骤8：关闭后维护门并上锁，确认设备恢复正常。

说明：

1）如果补充单程票后进行其他操作，无需步骤7和步骤8，从步骤6后即可直接进行其他操作。

2）只要保证本次操作输入的数字与所补充的单程票数量相一致，先将单程票加入HOPPER内或在维护单元上进行操作这两者没有严格的先后顺序。

（2）补充硬币步骤

步骤1：在后维护门感应区刷门禁卡，听到"嘟"一声后，用钥匙打开后维护门。

步骤2：在维护单元上输入用户名和密码后按"确认"键，在菜单上选择"日常操作"。

步骤3：选择"补充硬币"。

步骤4：选择"补充5角硬币"或"补充1元硬币"。

步骤5：将待补充的加币箱放入相应的加币位置，用钥匙打开加币箱后拉开挡板，等硬币全部掉入HOPPER内后，关上挡板、锁上并取下加币箱。

步骤6：若所加入的硬币数量与维护单元上默认值不一致，则必须按"清除"键清除该默认值，重新输入正确的数量，并按"确认"键。

步骤7：返回登录主菜单，选择"注销退出"，并按"确认"键。

步骤8：关闭后维护门并上锁，确认设备恢复正常。

说明：

1）如果补充硬币后进行其他操作，无需步骤7和步骤8，从步骤6后即可直接进行其他操作。

2）只要保证本次操作输入的数字与所补充的硬币数量相一致，先将硬币加入HOPPER内或在维护单元上进行操作这两者没有严格的先后顺序。

（3）更换单程票回收箱

步骤1：在后维护门感应区刷门禁卡，听到"嘟"一声后，用钥匙打开后维护门。

步骤2：在维护单元上输入用户名和密码后按"确认"键，在菜单上选择"日常操作"。

步骤3：选择"回收单程票"。

步骤4：选择"显示票箱数量"，若废票箱的数字不为零，记录下该数字。

步骤5：按"返回"键后选择"更换单程票回收箱"。

步骤6：取出单程票回收箱，倒出箱内的单程票后，将空的单程票回收箱放好并推到位。

步骤7：按"确认"键（注：若继续进行其他操作，无须以下两个步骤）。

步骤8：返回登录主菜单，选择"注销退出"，并按"确认"键。

步骤9：关后维护门并上锁，并确认设备恢复正常。

(4) 回收单程票

步骤1：在后维护门感应区刷门禁卡，听到"嘟"一声后，用钥匙打开后维护门。

步骤2：在维护单元上输入用户名和密码后按"确认"键，在菜单上选择"日常操作"。

步骤3：再选择"回收单程票"。

步骤4：选择"显示票箱数量"，若废票箱的数字为零，接着以下的步骤，否则先记录下该数字，再执行更换单程票回收箱的步骤5、6、7，取出废票后再回收单程票。

步骤5：按"返回"键后选择"回收单程票"。

步骤6：选择"回收票箱1"或"回收票箱2"。

步骤7：等票箱HOPPER内的单程票都掉入到回收箱后，记录下回收的数量，执行更换单程票回收箱的步骤5、6。

步骤8：按"确认"键（注：若继续进行其他操作，则无需以下两个步骤）。

步骤9：返回登录主菜单，选择"注销退出"，并按"确认"键。

步骤10：关后维护门并上锁，确认设备恢复正常。

(5) 回收硬币和更换硬币回收箱

步骤1：在后维护门感应区刷门禁卡，听到"嘟"一声后，用钥匙打开后维护门。

步骤2：在维护单元上输入用户名和密码后按"确认"键，在菜单上选择"日常操作"。

步骤3：再选择"回收硬币"。

步骤4：选择"清循环1元箱"，提示执行成功，按"确认"键。

步骤5：选择"清循环5角箱"，提示执行成功，按"确认"键。

步骤6：选择"清备用1元箱"，提示执行成功，按"返回"键。

步骤7：选择"清备用5角箱"，提示执行成功，按"确认"键。

步骤8：待硬币全部掉入硬币回收箱后，在菜单中选择"显示硬币数量"，并记录下该数字后，按"返回"键。

步骤9：选择"更换回收箱"，输入第二用户名和密码，提示"请尽快更换钱箱，超时将注销。

步骤10：取出硬币回收箱，将准备好的空硬币回收箱归位，按"确认"键（注：若继续进行其他操作，则无需以下两个步骤）。

步骤11：在主菜单上选择"注销退出"，并按"确认"键。

步骤12：关闭后维护门，确认整机状态恢复正常，操作结束。

(6) 更换纸币钱箱

步骤1：在后维护门感应区刷门禁卡，听到"嘟"一声后，用钥匙打开后维护门。

步骤2：在维护单元上输入用户名和密码后按"确认"键，在菜单上选择"日常操作"。

步骤3：选择"查询纸币钱箱数量"，并记录下钱箱的ID号、总张数和总金额。

步骤4：按"返回"键，选择"更换纸币钱箱"。

步骤5：再次输入第二用户名和密码，维护单元显示"请尽快更换钱箱，超时将注销"。

步骤6：先后打开现金区机械锁和纸币钱箱定位锁，取下纸币钱箱，换入空钱箱，推到位后锁上钱箱后指示灯显示为橙色，关上现金区并上锁。

步骤7：在维护单元上按"确认"键（注：若继续进行其他操作，则无需以下两个步骤）。

步骤8：返回登录主菜单，选择"注销退出"，并按"确认"键。

步骤9：关后维护门并上锁，确认设备恢复正常。

3. 简单故障处理

（1）运营操作

自动售票机运营操作简单故障处理方法见表5-2。

表5-2　自动售票机运营操作简单故障处理方法

序号	故障现象	可能的故障原因	解决方法
1	开机无显示	无电源输入	检查电源及显示器、部件连接或联系专业维护人员
		部件连接异常	
2	提示暂停服务（非上级系统控制）	单程票处理单元异常	首先检查部件电源及通信连接或联系专业维护人员
		硬币处理单元或其和纸币处理单元同时异常	
		触摸屏异常	
		后维护门在开启状态或后维护门状态检测传感器异常	首先关闭后维护门或联系专业维护人员
3	提示只接收纸币方式	硬币钱箱全部满	先维持此方式运行，并联系站务人员更换硬币钱箱
4	提示只接收硬币方式	纸币识别单元故障或找零硬币不足	先维持此方式运行，并联系专业维护人员或站务人员
5	门禁刷卡无效	卡无效或门禁连接线故障	检查连接或验卡，或联系专业维护人员
6	维护单元显示通信故障	主控程序未启动	启动主控程序
		维护单元与主机的连接线故障	检查连接或联系专业维护人员
		维护单元硬件故障	
7	登录不成功	输入用户名或密码错误	重新输入
8	设备报警	未在限定时间内登录	重新登录
		3次登录均失败	人工重新验证用户名和操作密码
		未进行更换钱箱登录而直接移走钱箱	再次登录，输入用户名和操作密码
		更换钱箱后未归位，完成未确认	重新归位并确认完成

（2）售票操作

自动售票机售票操作简单故障处理方法见表5-3。

城市轨道交通概论

表 5-3 自动售票机售票操作简单故障处理方法

序 号	故障现象	可能的故障原因	解决方法
1	购票操作过程中设备售票方式改变或暂停服务	单程票处理单元异常	通过售票机上的"请求帮助"按钮或直接联系站务人员
		硬币处理单元异常或和纸币处理单元同时异常	
		后维护门检测传感器异常	
2	未完成购票操作而钱币被退出	操作超时	重新进行购票操作
3	纸币购票中不能继续接收纸币	纸币钱箱已满	停止纸币改用硬币购票
4	钱币被退出	该币不能被有效识别	改用其他钱币再试

三、自动增值机（AVM）

1. 状态判断

整机状态指示器用于显示设备当前工作状态，主要显示正常服务、暂停服务信息和人工维护信息等。

乘客显示器和红外触摸屏用于显示有关充值操作指示和交易信息，有中英文双语提示，采用触摸式操作。

2. 基本操作

（1）更换纸币钱箱

步骤 1：在后维护门门禁刷卡，打开后维护门，乘客显示屏显示"暂停服务"。

步骤 2：在维护单元第一次登录，输入用户名和密码。

步骤 3：选择"日常操作"。

步骤 4：选择"更换纸币钱箱"。

步骤 5：第二次登录，再次输入用户名和密码，维护单元显示"请尽快更换钱箱，超时将注销"。

步骤 6：先后打开现金区机械锁和纸币钱箱，取下纸币钱箱，换入空钱箱，钱箱指示灯显示为橙色。

步骤 7：在维护单元上按"确认"键后，注销退出菜单。关闭后维护门，确认整机状态恢复正常，操作结束。

（2）更换或安装打印纸操作步骤。

步骤 1：用管理卡刷卡，打开后维护门。

步骤 2：在维护单元输入用户名和密码，并按"确认"键。

步骤 3：先选择"日常操作"菜单，再选择"更换打印纸"。

步骤 4：拉出打印机单元，更换打印纸，并把打印机归位。

步骤 5：在维护单元上按"确认"键后，注销退出菜单。关闭后维护门，并确认自动增值机恢复正常工作状态，操作结束。

第五章　地铁车站设备操作

3. 简单故障处理

（1）运营操作

自动增值机运营操作简单故障处理方法见表5-4。

表5-4　自动增值机运营操作简单故障处理方法

序号	故障现象	可能的故障原因	解决方法
1	开机无显示	无电源输入	检查电源及显示器、部件连接或联系专业维护人员
		部件连接异常	
2	提示暂停服务（非上级系统控制）	储值票传送机构异常	检查部件电源及通信连接或联系专业维护人员
		银行卡单元和纸币识别单元同时异常	
		后维护门在开启状态或后维护门状态检测传感器异常	关闭后维护门或联系专业维护人员
3	提示只接收纸币方式	银行卡单元异常	维持此方式运行，并联系专业维护人员
4	提示只接收银行卡方式	纸币钱箱满或纸币识别单元故障	维持此方式运行，更换纸币钱箱或联系专业维护人员
5	门禁刷卡无效	卡无效或门禁连接线故障	检查连接或验卡，或联系专业维护人员
6	维护单元显示通信故障	维护单元与主机的连接线故障	检查连接或联系专业维护人员
		维护单元硬件故障	
7	登录不成功	输入用户名或密码错误	重新输入
8	设备报警	未在限定时间内登录	重新登录
		3次登录均失败	人工重新验证用户名和操作密码
		未进行更换钱箱登录而直接移走钱箱	再次登录，输入用户名和操作密码
		更换钱箱后未归位，完成未确认	重新归位并确认完成

（2）增值操作

自动增值机增值操作简单故障处理方法见表5-5。

表5-5　自动增值机增值操作简单故障处理方法

序号	故障现象	可能的故障原因	解决方法
1	增值操作过程中设备增值方式改变或暂停服务	储值票传送机构故障	通过增值机上的"请求帮助"按钮或直接联系站务人员
		银行卡单元和纸币识别单元同时故障	
		后维护门状态检测传感器异常	
2	未完成增值而卡被退出	操作超时	重新进行增值操作

（续）

序号	故障现象	可能的故障原因	解决方法
3	纸币增值中不再接收纸币	卡内金额已超过最大极限值	结束纸币增值
4	纸币被退出	非50元、100元人民币或假币、不平整币等	换张较为平整的纸币再试
5	储值票被吞	无效卡	通过增值机上的"请求帮助"按钮或直接联系站务人员
6	银行转账充值未写卡	储值票受损	通过增值机上的"请求帮助"按钮或直接联系站务人员
7	银行卡被吞	银行卡受损	通过增值机上的"请求帮助"按钮或直接联系站务人员

第三节　消 防 设 备

一、消防栓及消防卷盘操作

1. 操作步骤

1）发现微小火灾。

2）打开消防箱箱门，如图5-4所示。

图5-4　打开消防箱箱门

3）一名工作人员（甲）将消防卷盘上的软管拉至着火地点，如图5-5所示。

4）打开消防软管上的水枪阀门，准备就绪后通知守候在消防箱边的另一名工作人员（乙），如图5-6所示。

5）工作人员乙打开卷盘上的控制阀门进行供水，同时询问工作人员甲水量、水压是

图 5-5 拉出软管

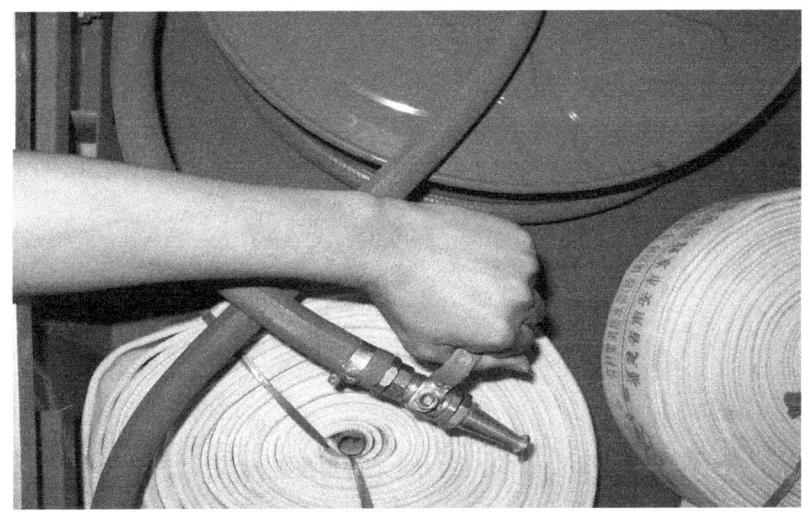

图 5-6 打开软管上的水枪

否足够,如图 5-7 所示。

6)如果水压不够,则工作人员乙应该按下电动蝶阀启动按钮确保供水,如图 5-8 所示。

7)灭火完毕,应将供水控制阀门关闭,将软管内的余水排净。

8)按照打开的逆序将软管绕到卷盘上。

2. 注意事项

1)本消防卷盘仅使用在灭火用途,严禁挪作他用。

2)如果火势过大或周围可燃物过多,应通知公司义务消防队员进行处理,不可贻误灭火时机。

3)灭火完毕,应通知机电车间人员进行检修。

图 5-7 打开控制阀门

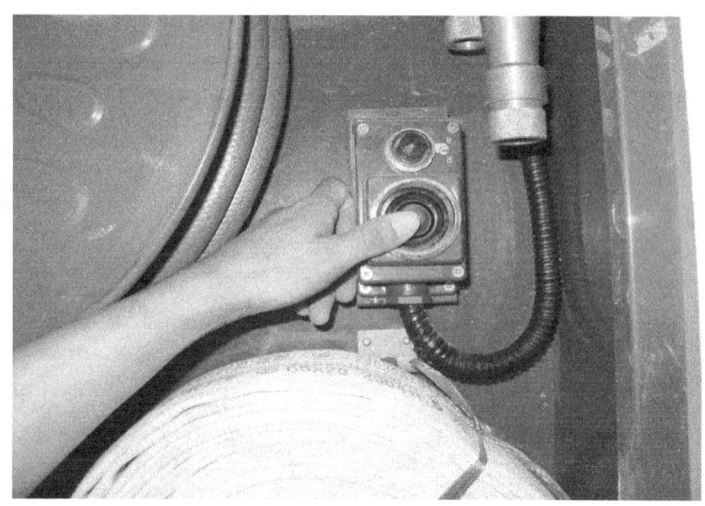

图 5-8 打开电动蝶阀按钮

二、灭火器操作

手提式干粉灭火器（简称 ABC 灭火器）如图 5-9 所示，其使用方法如下：

1）检查状态。检查指针是否指在红色区域或保险销已开，如果是，则表明该灭火器已失效，应送修。

2）将灭火器翻转摇动数次，拉出保险销。

3）对准火焰根部，压下压把，将火扑灭（不可倒置使用）。

图 5-9 手提式干粉灭火器

第五章 地铁车站设备操作

思考题

1. 手摇道岔操作步骤是什么?
2. 当因信号故障或屏蔽门系统故障时,操作人员如何控制屏蔽门的开关?
3. 屏蔽门控制开关(PCS)的操作步骤是什么?
4. 日常巡视时应注意的问题有哪些?
5. 自动扶梯紧急情况下的处理方法有哪些?
6. 闸机声光报警部件主要有哪些?
7. 更换纸币钱箱的步骤有哪些?
8. 把下列表格填写完整。

序 号	故 障 现 象	解 决 方 法
1	开机无显示	检查电源及显示器、部件连接或联系专业维护人员
2	提示暂停服务(非上级系统控制)	
		首先关闭后维护门或联系专业维护人员
3	提示只接收纸币方式	
4	提示只接收硬币方式	先维持此方式运行,并联系专业维护人员或站务人员
5	门禁刷卡无效	
6	维护单元显示通信故障	
		检查连接或联系专业维护人员
7	登录不成功	
8	设备报警	重新登录
		再次登录,输入用户名和操作密码

93

第六章

地铁车站票务组织

第一节 基本原则

一、基本票价政策

基本票价政策主要是指轨道交通运营单位对计价方式、乘车时限、乘车限制和超乘等方面的规定。

1. 计价方式

轨道交通采用的票价计价方式主要有单一票价制、按里程计价和分段计价等方式。单一票价制是指采用单一票价，无论乘客乘车行程的远或近，票价都是相同的。按里程计价方式是指乘客乘车费用与里程有关，乘坐里程越长，收费越多，反之越少。分段计价方式是指将整条线路划分为多个段，每段由多个区间构成（相邻两站之间为 1 个区间），在起步价后，每一段加收固定金额车费。

2. 乘车时限

轨道交通是一种安全、快速、便捷和准时的交通工具，为避免乘客在列车上或车站付费区内长时间逗留，造成不必要的堵塞，轨道运营单位往往会对乘客购票入闸至检票出闸的时间进行限制，这就是乘车时限。超过乘车时限，简称为滞留超时。对滞留超时的乘客，运营单位往往会收取一定金额的费用。哈尔滨地铁规定，乘客每次从入闸至出闸时限为 120min，超过需要按最高单程票价补交滞留超时金额。

3. 乘车限制

为保证车站乘车秩序、环境以及乘客的安全，轨道运营单位往往会对乘客携带的物品作出规定，可以允许乘客携带一定重量和体积的行李，在规定范围内的重量或体积的行李给予免费或收取费用。另外，车站禁止乘客携带易燃、易爆、有毒等危险物品入站，同时也不允许携带较大、较重或较长的物品入站。此外，为保证单程票的正常循环，运营单位也会对单程票的使用作出一些限制。以上的相应规定统称为乘车限制。

4. 超程处理

超程处理是指乘客所使用的车票（主要是指单程票），不足以支付所到达车站的实际车费时，必须补交超程车费。

5. 哈尔滨地铁基本票价政策

哈尔滨地铁一期线路的票价采用分段计价方式：每相邻两站之间为1个区间，1~8个区间是2元，9~12个区间是3元，13个区间以上是4元，全程最高单程票价为4元。

乘客携带重量为20~30kg或体积为0.06~0.1m³的物品时，必须加购同程车票一张。凡重量超过30kg或长度超过1.6m或体积超过0.1m³的物品，一律不得携带进站乘车。

普通单程票只能在售出站入闸且当日乘车有效（当日是指售出运营日）。

乘客每次乘车从入闸到出闸，时限为相应的规定时间，超过相应的规定时间，必须按最高单程票价补交超时车费。

乘客所使用的车票，不足以支付所到达车站的实际车费时，必须补交超程车费。

乘客在乘坐一个车程既超时又超程时，必须补交超程车资及按最高单程票价补交超时车费，使用优惠票必须按优惠后最高单程票价加扣超时车费。

一名成年乘客可以免费带一名身高不足1.1m的儿童乘车，超过一名的，按超过人数购成人全票。

二、票务报表

车站票务报表包括手工填写和计算机打印出来的报表，报表是了解车站票务收入和车票售卖情况的重要依据，也是进行票务收益核对的重要依据。车站票务报表种类较多，根据岗位不同，需要填写不同的报表，例如售票员需要填写"售票员结算单"，客运值班员需要填写"车站营收日报""备用金借出记录表"等。以下是报表的填写要求：

1. 报表填写

报表填写要真实、准确、完整、及时，报表填写是一项细致而又严肃的工作，填制人员必须遵守票务规章制度。

真实：报表必须由相关人员填写且如实反映票务情况，不得捏造事实，弄虚作假。

准确：报表填写前认真核对实际情况，以正确无误的数据填列，并要仔细复核。

完整：必须按报表所列事项填写，不得遗漏，且每日上交报表必须连号（报表号码按票务管理部门配发的报表号码）。

及时：报表必须在规定期限内填制完毕，并按规定时间上交票务管理部门，不得故意延迟时间。

属于多联过底的报表，一定要写透，不要上面清楚，下面模糊。报表的各项指标必须按要求填写，不应留用空格不填，若因客观原因不产生数字的空格用"—"符号表示。

报表填写必须用蓝色笔或黑色笔填写，字迹必须清晰、工整，不得潦草。属于过底的报表用圆珠笔填写，属于非过底的报表用钢笔或签字笔填写。填写人员必须用私章确认。

报表中使用的数字应用阿拉伯数字，填写时应逐字书写，不得连笔书写。对金额一项，小数点后无数时，应写"00"或"—"。

2. 报表更正

报表填写发生错误时，不得刮擦、挖补、涂抹或用化学药水更改字迹。更改数字必须用"划线更正法"。应用"划线更正法"更正时，在报表中错误文字或数字上划一红线，以示注销，要求划去整个错误数字，然后在该处盖上更改人员修正章以示负责；当更改次数过多导致报表不清时，应另填写一份，该报表作废。

3. 报表作废

报表在写坏作废时，应当加盖"作废"戳记，全部保存，不得撕毁，并随当日报表于次日上交票务管理部门。

三、车票管理原则

车票是 AFC 系统票务收益的载体，也是联系乘客与 AFC 系统的载体。因此车票需要进行妥善保管，以保证车票的安全。车票安全要点如下：

1）任何时间，车票只能存放于 AFC 票务室、客服中心、自动售票机、出站闸机、单程票人工回收箱，除特殊原因，任何人不可在其他地点放置车票。

2）车票在运送途中，一律放在上锁的票箱或封闭手推车内。

3）车票在任何地点存放都要有相应人员负责，一旦发生丢失、损坏，可依据相关规定追究有关人员责任。

4）在有监控设备的条件下，任何车票，在清点、交接时，均需在监控摄像头有效范围内进行操作。

四、现金管理原则

车站的现金主要由两部分组成：一是车站的票款，另一部分是车站票务运作的备用金。车站票务运作的备用金一般由财务部门提供，用于车站票务设备备用找零、乘客兑零和票务事务处理。票款和备用金的管理要严格执行"收支两条线"和"账实相符"的管理规定，严禁坐支票款、挪用备用金和弄虚作假；票款和备用金要分区管理，应避免备用金发生误解行的情况；备用金交接要双方当面清点和确认，如发生短款，则一般要由负责人补齐。

车站现金通常要求存放在车站的安全区域，一般现金安全区域主要是指 AFC 票务室、售票问讯中心、临时售票处、自动售票机和自动增值机的钱箱中。在现金安全区域内严禁存放私人的钱和车票，任何无关人员未经车站当班负责人批准不得进入，在售票问讯中心和临时售票处售票员应将现金应存放在现金抽屉和配币箱中，避免乘客接触。在有监控设备监控的条件下，涉及现金交接、清点应在监控区域内进行，当现金处理完毕后应立即锁入保险柜中。

第二节 票务设备管理

一、自动售检票终端设备的管理

自动售检票终端设备是乘客直接接触的设备，也是地铁运营收入的重要设备。在日常运营工作中影响车站 AFC 系统运作的主要有闸机紧急放行装置、供电、通信网络和用户权限等。为确保车站 AFC 系统的正常运作，必须对相关人员的使用行为进行规范。现从闸机紧急放行装置、供电设施、网络设备、病毒防范和用户权限管理等方面介绍 AFC 系统的相关管理原则。

1. 闸机紧急放行装置

车控室的 MCP 盘上的闸机紧急放行装置控制着车站所有闸机的紧急放行，只有在发生紧急情况需要疏散乘客时使用。因此，在管理上必须要求车站人员正常情况下不得按压紧急放行按钮，以免引发闸机的误开放，导致单程票流失和票务收益损失。对 AFC 系统的 MCP 盘盒及相关附属设施（如配电箱、输入插座、电源开关和控制盒等）也应加强管理，禁止非专业人员接触。

2. 供电设施

车站 AFC 系统供电一般都属于一级负荷，配备有不间断电源（UPS）对所有 AFC 终端设备进行供电，因此对于 UPS 和配电箱一般禁止非专业人员接触。

3. 网络设备

网络设备用于及时上传各类交易数据，要求非专业人员不得拔插车控室和客服中心网络设备的接线以及 AFC 终端设备的网络接线。

4. 病毒防范

车站 AFC 终端设备以及各种 AFC 专用计算机一般安装的都是 Windows 操作系统，对 AFC 专用计算机的各种数据接口（如 USB、软驱、光驱等）都应进行屏蔽，以免引发病毒感染和传播。整个 AFC 系统也应与外网隔离，如与公司内部其他网络存在数据接口，也应设立防火墙。AFC 终端设备以及各种 AFC 专用计算机上应安装杀毒软件，以便实时监控；对杀毒软件应定期更新病毒代码库。

5. 用户权限

对车站 AFC 系统的各类操作人员应设立用户号，每位操作员的用户号应唯一，一般采用员工号以便识别。对不同的用户应设立不同的权限和使用范围，原则上非本站员工不得拥有本站 AFC 终端设备的操作权限。用户的密码由操作员自行设置，操作员密码长度不得少于六个字符，密码更换周期不得长于一个月，操作员应记住自己的密码，不应将密码记载在不保密的媒介物上。若在系统运行过程中，操作人员需要离开工作现场，则必须在离开前退出系统，以防止其他人员越权操作。

二、票务工器具的管理

票务工器具在车站日常票务工作中频繁使用，保管不慎容易造成损坏或丢失，从而造成财产损失并给车站正常票务工作带来不便。车站票务工器具管理要求如下：

1）车站票务工器具要逐级进行管理，明确责任人，各班进行交接。

2）票务工器具要存放在 AFC 票务室或其他专门位置，以免无关人员接触。

3）票务工器具应轻拿轻放，不可随意摆放，用后要及时放回。

4）票务工器具要严格遵守操作规程进行操作，严禁违规操作。

三、票务钥匙的管理

为了保证现金和车票的安全，减少违章行为，必须对票务钥匙进行妥善的使用和管理。现以深圳地铁为例，介绍票务钥匙方面的使用和管理。

1. 钥匙种类说明

车站 AFC 设备钥匙包括自动售票机和自动增值机后门钥匙、闸机门钥匙、纸币钱箱钥匙、纸币钱箱到位钥匙、硬币补币箱钥匙、硬币回收箱钥匙、单程票回收箱钥匙、票务处理机收银钱箱钥匙、自动验票机钥匙、车控室 SC 服务器钥匙和机柜钥匙、自动售票机和自动增值机的后门门禁卡。下面说明各类主要钥匙的功用：

1）后门钥匙。后门钥匙主要用于打开自动售票机和自动增值机后门，在使用时必须配合后门门禁卡一起使用，否则设备将报警。

2）闸机门钥匙。闸机门钥匙用于打开闸机闸门，以便进行单程票箱更换、回收和日常维护工作。

3）单程票回收箱钥匙。单程票回收箱钥匙用于打开单程票回收箱，以取出单程票或添加单程票。

4）纸币钱箱钥匙。纸币钱箱钥匙用于打开纸币钱箱，以取出里面的纸币。

5）纸币钱箱到位钥匙。纸币钱箱到位钥匙用于对纸币钱箱加锁或解锁，未经加锁的纸币钱箱无法在设备内正常使用，未经解锁的纸币钱箱无法从设备内取出。

6）硬币补币箱钥匙。硬币补币箱钥匙用于打开硬币补币箱添加硬币。

7）硬币回收箱钥匙。硬币回收箱钥匙用于打开硬币回收箱取出里面的硬币。需要注意的是，从自动售票机取出的硬币回收箱，必须打开一次以后才能重新装入设备使用。

8）收银钱箱钥匙。收银钱箱钥匙用于打开客服中心的收银钱箱，收银钱箱用于临时存放售票员的备用金及收取的票款。

9）门禁卡。自动售票机和自动增值机内装有门禁设备，要打开后门，首先需要先刷门禁卡，然后使用后门钥匙将其打开。未经刷卡直接打开，设备将报警并记录非法打开设备的行为。

2. 钥匙管理的基本原则

1）AFC 设备钥匙应由车站站长指定人员进行逐级管理。

2）设置专门的"设备钥匙借用/归还登记本"。

3）所有借用钥匙的站务人员或检修人员必须作好相应的记录，详细填写借用时间、借用人员、原因和归还时间等内容。

4）钥匙使用后，应立即归还。特殊情况下，可适当延长借用时间，但要注明原因。

3. 车站各岗位的钥匙保管职责

1）站长。站长负责保管剩余的其他钥匙、门禁卡，并在"车站票务钥匙清单"上记录各岗位保管的钥匙和门禁卡。

2）值班站长。值班站长负责保管纸币钱箱钥匙和硬币回收箱钥匙各一把。

3）客运值班员。客运值班员负责保管 TVM/AVM 后门钥匙、闸机门钥匙、硬币补币箱钥匙、纸币钱箱到位钥匙和单程票回收箱钥匙各一把、BOM 收银钱箱钥匙若干（视本站 BOM 台数而定）、设备门禁卡。

4）行车值班员。行车值班员负责保管 TVM/AVM 后门钥匙、纸币钱箱到位钥匙、自动验票机钥匙、车控室 SC 服务器钥匙、机柜钥匙各一把以及闸机门钥匙两把作为维修用钥匙，另负责保管设备门禁卡一张。

4. 车站站务员 AFC 设备钥匙的使用要求

（1）售票员使用钥匙的要求

1）上班时售票员从当班客运值班员处借出 BOM 收银钱箱钥匙，售票员下班时向当班客运值班员归还 BOM 收银钱箱钥匙，借出和归还均需在"票务钥匙使用记录表"上登记。

2）当临时离开或其他人员暂时顶班时，应锁好自己的物品并带走 BOM 收银钱箱钥匙。

（2）厅巡使用钥匙的要求

1）厅巡上班时可以从当班行车值班员处借出闸机门钥匙，以方便进行闸机简单故障处理；厅巡下班时必须向当班行车值班员归还闸机门钥匙。

2）紧急情况下（如《AFC 设备故障的票务应急处理》中规定的情况）可以向行车值班员借出所有维修钥匙和门禁卡。

3）借出和归还均需在"钥匙借用登记本"上登记。

第三节　车票使用与管理

车站车票管理涉及车票的接收、保管、发售和回收。以下分别从这四方面阐述车票管理的相关规定：

一、车票的保管规定

1. 普通单程票的保管规定

普通单程票在车站需要存放在安全的地方进行保管。车票通常只能存放票务室、客服中心、单程票临时回收箱、自动售票机和出站闸机设备内。为避免车站将不同性质的单程票混淆，单程票应该划分不同的区域进行保管，一般可分为"上交区"和"循环区"。

循环区车票来源有车票主管部门配发或调配的普通单程票、车站闸机回收的普通单程票、运营结束后自动售票机票箱结存的普通单程票、售票员下班上交的 BOM 未售单程票、运营结束后单程票人工回收箱分拣出的可用单程票等。

上交区车票来源有自动售票机、票务处理机和单程票清分机等设备产生的废票以及运营结束后单程票人工回收箱分拣出的废票、已售单程票、无效单程票和过期预制单程票等。

当保管的车票数量发生变化时，必须在相关台账上进行登记或在台账系统录入数据。为确保车票安全，车票的保管区应设立在车站票务室且专用，平时必须上锁，钥匙由客运值班员负责，每班要进行交接。此外，在实际运营中还存在临时存放单程票的情况。人工回收的单程票必须临时存放在专设的回收箱内，回收箱在运营时要处于上锁状态，待运营结束后再拿回车站票务室进行清点。

2. 预制单程票和储值票保管规定

预制单程票由车票主管部门制作并配发到各站，以应对大客流情况下的客运组织。与普通单程票不同，预制单程票已赋值，处在"已售"状态，应等同现金管理。为确保预制单程票的安全，车站应将预制单程票放置在保险柜内保管。在存放时要注意以下要点：一是不同价格的预制单程票不能混放，二是不同有效期的预制单程票不能混放。对于已经过期的预制单程票，则要放在票柜的"上交区"保管。

储值票由于本身的成本较高，其保管和预制单程票一样，需要放入保险柜内存放，由客运值班员负责，每班要进行交接。

二、车票的发售规定

1. 普通单程票的发售规定

车站正常运营时，普通单程票经自动售票机发售，乘客可自助购买单程票。

2. 储值票的发售规定

车站正常运营时，储值票在车站客服中心发售。考虑到储值票成本问题，乘客购买储值票时需要交纳一定的押金。乘客退还储值票，如车票没有被人为损坏，则可退还押金。

3. 预制单程票的发售规定

预制单程票是车票主管部门提前制作并配发到车站，以应对设备故障或大客流时乘客购票困难的问题。预制单程票是属于预售票，在车站客服中心或临时票亭通过人工进行售卖，它的特点是已赋值，具有较长使用期限，可以在任意车站进站乘车。

预制单程票的发售，应具备以下条件：客流较大时，车站站厅等待购票的乘客持续增多，在自动售票机发售和票务处理机售票都无法缓解排队现象。

一般情况下，预制单程票发售的原因有：①节假日期间客流较大，已经超出车站设备发售的最大能力；②车站周边组织某类活动，活动结束时导致车站短时间内客流大量增加；③部分或全部自动售票机故障，导致车站设备发售车票的能力下降。

预制单程票发售指令由车站站长下达，站长不在时可由值班站长下达。

三、车票的交接规定

在实际运营中配发车票、上交车票、车票站间调配等环节都存在车票交接的情况。以下分别从这三个方面阐述车票交接的相关规定。

1. 配票交接

接收配发普通单程票时，车票应处于封装状态。车站接收人员须依据相应的配票单据当面检查车票包装及封条是否完好，在确认封条与配发单据所写票种、数量一致后在单据上签名，将车票存放在相应的区域，并登记相关台账和进行系统数据录入。

车站对封装的车票进行解封时，必须双人在车站票务室内进行清点（有监控设备条件下，清点需要在监控摄像头有效范围内进行），若数量有误，则必须即刻报车票主管部门进行核查。储值票配发数量通常不会很多，清点时一般需要当面清点和确认。

2. 车票上交交接

普通单程票的上交有以下几种情况：

1）运营过程中售票员进行乘客事务处理时接收的无效票，必须随报表每日上交，以便核对备用金。

2）废票和人工回收的单程票，当积累到一定数量时，必须上交重新进行初始化。

3）根据车票主管部门的要求上交部分多余的单程票。

后两种情况的车票在上交之前要进行封装，封条标明封装时间、封装数量、封装票种、封装人和封装车站，由车站上交人员和车票主管部门接收人员当面交接并在相关单据上签字。储值票上交通常是因为乘客退还或存在质量问题，通常每张上交的储值票都进行了封装并带有相关的文字说明，上交时需要双方当面确认和清点。

除了车站与车票主管部门在车票配发时存在交接外，车站客运值班员与售票员之间也存在车票交接。当售票员上班或下班时从客运值班员处领取车票或上交车票，售票员与客运值班员之间的车票交接要当面清点并在相关的台账上签字确认。

四、站间调配的交接规定

日常运营中单程票在各个车站循环使用和流动，由于各车站客流分布的不均，将出现三种情况：有的车站出站客流大于入站客流，每日回收的单程票多于发售的单程票，这种车站称为流入车站；有的车站出站客流小于入站客流，每日回收的单程票少于发售的单程票，这种车站称为流出车站；也有部分车站出、入站客流基本相等，这种车站称为平衡车站。

由车票主管部门组织的将车票从流入车站调出，不经中心回收，直接调入流出车站的行为称为车票的站间调配。

对调出车站而言，相当于车票上交；对调入车站而言，相当于车票接收。调出站单程票要用指定的封装袋以整数装好，袋口用封条加封，封条标明封装时间、封装数量、封装票种、封装人和封装车站。调入站派出客运值班员和另一名工作人员至调出站，与调出站当班客运值班员当面交接。

五、车票的回收规定

每日运营结束后，车站必须将出站闸机的单程票回收箱拿回车站票务室，取出车票进行清点；需要回收清点的车票还包括自动售票机票箱结存的单程票、自动售票机废票箱内的无效票、单程票临时回收箱内的单程票以及售票员上交的未售完的单程票。

出站闸机回收箱内的单程票、自动售票机票箱结存的单程票和售票员上交的未售单程票回收后需要进行清点，以整数进行封装并存放在车票的循环区。自动售票机废票箱内的无效票和单程票临时回收箱内的单程票回收后需要在单程票清分机中进行清分，可以在车站循环使用的单程票清点后存放在车票的循环区，不可循环使用的则存放在上交区。

第四节 现金使用与管理

车站的现金主要由两部分组成：一部分是车站的票款，另一部分是车站票务运作的备用金。车站票务运作的备用金主要是由地铁公司财务部门提供，用于车站票务运作备用找零和票务事务处理。

一、车站现金管理

1. 备用金的管理

车站票务运作的备用金主要用于自动售票机找零、乘客兑零、储值票和特殊情况下的退票款以及乘客异常事务退款。

异常事务退款包括自动售票机发生故障出现卡币、卡票、少找零或少给票等情况的退款，还包括自动增值机增值时发生故障，导致收了乘客的现金而未成功增值时的退款。

备用金的使用范围应严格控制，不得挪用，各站之间不得调拨和借用。备用金和票款是有区别的，备用金是在车站循环使用，当备用金减少时，需要报财务核销和补充，票款收入每日需要解行上交。车站使用的备用金的保管要指定专人负责，每班进行交接。备用金的使用和借出要有登记备案，如果出现账实差额的情况，则要上报主管部门并由当事人负责补齐。

备用金用于自动售票机找零的钱币一般是硬币，用于乘客使用纸币购票时自动找零。在车站运营前加入和在运营过程中当自动售票机找零硬币用完时补充，每日运营结束后回收。用于找零的备用金不能当做自动售票机的收入。

例如：在上午5点向自动售票机201内加入500元硬币，在下午4点向其内又加入400元硬币，运营结束后于晚上23:50回收清点，共回收硬币1000元，纸币2500元。那么自动售票机当天的票款收入为1000+2500-500-400=2600元，其中500+400=900元是备用金。

用于售票问讯中心兑零和自动售票机找零的备用金一样，在车站循环使用，数额不会减少，而用于乘客异常事务退款的备用金将减少，例如当乘客购买单程票自动售票机发生少找零时，售票员就要使用备用金退还给乘客，这时备用金就会减少。使用备用金对外支付，应按照规定执行，每次的发生金额必须填写相关报表，并由乘客、车站经手人员、审核人员进行签认。经过一段时间的运作后，车站的备用金不断减少，这样就需要定期对车站减少的备用金进行核销和补充。

2. 票款的管理

车站票款主要有自动售票机售票收入、自动增值机储值票增值收入、票务处理机售票和储值票增值收入、临时售票处售票收入和乘客事务处理收入。对于车站的票款收入，要求每日运营结束后要进行清点、登记、系统录入、封装和解行。

票款收入一般要求每日按时解行，不得在车站过夜保管。解行工作一般是委托专门的押运公司进行，解行操作程序为：在有监控的条件下，要求在摄像头有效范围内点算并将票款按银行要求打包,同时填制"现金缴款单""封箱清单""零钞交接清单"并放入银行提供的专用箱内,然后加封并存放在车站票务室;核对完押运公司职员的身份后,将专用箱交押运公司职员;与押运公司职员办理交接,并填写好"押运交接单";"现金缴款单"的交款金额填入"车站营收日报";车站在收到银行回单时将"现金缴款单"随报表上交票务管理部门。

二、车站现金的交接规定

1. 纸币

纸币需交接双方当面清点后签认交接(如有条件,必须在监控摄像头有效范围内进行),交接时若发现数目有误,应及时上报上级主管部门,并调查处理此事。若差额原因无法查明,则所短款项由交班人当场补足,长款随当日票款上交。

2. 硬币

硬币需交接双方当面清点后签认交接(如有条件,必须在监控摄像头有效范围内进行),对已加封的硬币交接时,接班人确认加封正确完好后可凭加封数目交接。

1)加封前必须双方在监控摄像头有效范围内清点,确认无误后共同盖章加封。

2)开封前必须双人在监控摄像头有效范围内确认封条正确完好后开封共同清点。

3)清点后若发现金额不符,应立即报站长或值班站长到车站票务室签名确认,差额由加封人负责;如未执行双方开封清点规定,则差错由开封人负责。

4)与银行兑换的硬币,应双方在监控摄像头有效范围内清点后加封。

5)严禁使用交接未经清点或未加封的钱款。

三、收益管理

1. 伪钞的识别原则与处理程序

车站工作人员应认真学习中国人民银行发布的各版本人民币真伪的识别方法;对乘客交付的现金均需要经过人工及设备的识别,发现伪钞应交还给乘客,请乘客另换一张;对于设备和人工都不能确认真伪的钞票,请乘客另换一张;车站相关人员要严格把关,以"谁收取谁补"为原则,杜绝伪钞流入。以下介绍伪钞的处理程序:

1)若在售票员与客运值班员交接时发现收取的钞票有明显的失真特征或可通过验钞机识别为伪钞,则由收款人补足票款,该情况属于工作失误。

2)若为银行点收票款时发现伪钞,则由相关票款的封装人员负责补足票款,该情况属于工作失误。

3)若为设备或验钞设备误收,则立即由当事人及值班站长封装假钞,同时报主管部门处理。

2. 钱箱运输及回收规定

售检票终端设备中涉及现金交易的自助设备主要有自动增值机和自动售票机。在车站日常票务运作中或运营结束后需要回收设备内的钱箱,以便清点现金和票款解行。设备钱箱主要有自动增值机纸币钱箱、自动售票机纸币钱箱和硬币回收箱。为确保现金安全,操作员在钱箱回收和运输过程中需要遵守如下规定：

1）根据需要准备一定数量的空钱箱，以便回收钱箱时可替换设备内的钱箱。

2）回收设备钱箱需要双人在场，同时要严格按照设备操作规程的要求进行操作。

3）回收钱箱要填写详细记录表中的内容，包括日期、时间、设备号、钱箱号、机读数和经办人签名等。如深圳地铁有"TVM（AVM）钱箱更换/清点记录表（纸币）""TVM（AVM）钱箱更换/清点记录表（硬币）"。

4）钱箱从设备上取下要立即放入运营小车中并上锁（如有该功能），并按照操作规程要求将空钱箱装上。

5）运营小车应紧跟在操作员身边，并避免无关人员接近。

6）钱箱回收完毕后，设备后门要及时上锁。

7）确保回收所有有现金的钱箱，不要遗漏。

8）将运营小车推回票务室途中要双人进行，并选择安全的路线且任何一人都不可擅自离开。

四、钱箱清点

钱箱清点要求如下：

1）钱箱清点要在车站票务室进行，有监控设备的条件下，所有清点工作都要在摄像头有效的范围内进行。

2）钱箱清点工作至少确保双人在场，并互相监督。

3）钱箱清点必须认真对待，每个钱箱要分开清点，不可混点，数量不要点错。清点硬币时要在硬币清点机上清点两次，清点纸币时要在纸币点钞机上清点两次，确保数量正确。

4）填写台账和录入数据（在票务管理终端上录入数据）要认真，确保钱箱号、设备号、实点数正确无误，同时经手人要在台账上签章确认。

5）在清点过程中已清点和未清点的钱箱要分开存放，避免遗漏，同时要确保钱币没有卡在点钞设备内。

6）钱箱清点、数据录入和台账填写要在规定的时间内完成，并按解行的要求进行封存。

五、售票员工作相关规定

1. 售票员工作内容

1）按规定处理客服中心的各项工作。

2）完成票务报表的填写。

3）按规定处理与乘客相关的票务事宜。

4）完成上级布置的其他票务工作。

2. 售票员售票的相关规定

工作地点：各车站的客服中心或临时售票点。

服务时间：车站客服中心对乘客的服务时间为营运开始至本站最后一班车开出的前 5min。

服务业务：问询、售票、充值、退票、验票、挂失和异常票务事务处理等。

3. 售票员工作流程

（1）准备售票

售票员到客运值班员处报到，领取备用金、车票等；依据"售票员结算单"上所列车票的数量、备用金等当面清点，并在"售票员结算单"上确认并签收；领取客服中心钥匙（若为第一班，则向客运值班员领取；若为接班人员，则向交班人员领取）。

（2）开窗售票

开启 BOM 设备，使用自己的密码、员工号登录，然后开始办理业务，有关工作要求为：售票时必须遵守"一收、二唱、三操作、四找零"；车票在交给乘客之前，必须经 BOM 分析，确保每一张车票的有效性，并需乘客确认；若有异常情况，需立即通知客运值班员前来确认，不能将问题车票发售给乘客；在售票时，不得私自接受外币和支票；当车票、备用金不足时，售票员必须及时要求客运值班员补充；客运值班员补充车票、备用金后，必须在"售票员结算单"上注明；如果售票员误收假币，原则上由售票员负责补齐；由客运值班员依据本站的实际情况从售票员处及时收取预收款，当面清点，并在"售票员结算单"上签收。

（3）售票结束

售票员结束本班工作时需退出 BOM 业务软件，以防他人误用工号进行操作；收齐自己的物品、交接客服中心内的票务工器具，并在"BOM 操作员交接台账"上进行登记；到 AFC 票务室交班（详见售票员下班与客运值班员结账时的交接）。

4. 售票员票款交接和下班结算

1）上班前票款交接。售票员在工作前到客运值班员处领取上班所需的备用金、车票等，现金和车票需要当面清点，将实际金额填写在手工报表（如深圳地铁"BOM 操作员结算单"）的相应栏目中，双方盖章确认，客运值班员同时将以上数额输入到票务管理终端中。早班售票员还需要领取客服中心钥匙和钱箱钥匙，并进行登记。

2）工作中票款交接。售票员在工作过程中如果出现现金较多，则需要预交部分现金，如果备用金不够，则需要补充。无论是客运值班员从售票员预收票款还是给售票员补充备用金，都需要进行交接，交接时需要当面清点，并将实际金额填写在手工报表（如深圳地铁"BOM 操作员结算单"）的相应栏目中，双方盖章确认，客运值班员同时将以上数额输入到票务管理终端中。售票员临时离开客服中心需要退出业务软件，以防他人误用工号进行操作，同时收齐车票和现金并上锁。

3）售票员下班结算。售票员结束工作后，首先要退出业务软件，以防他人误用工号进行操作；其次，收齐自己的物品，交接客服中心内的票务工器具，且在交接台账（如深圳地铁"客服中心交接班登记表"）上的相应栏目进行登记；最后，到 AFC 票务室与客运值班员交班。客运值班员需要当面清点并确认售票员上交的车票和现金，并填写在相关报表的相应栏目中（如深圳地铁"BOM 操作员结算单"的"交班"栏），双方签章确认。客运值班员在票务管理终端上输入相应的数额，核对无误后进行确认结算，当客运值班员在票务管理终端上结算后就可以下班。当结算后出现长、短款或长、短票时，售票员可留下来与客运值班员一起核对单据、清点现金和车票数量或检查输入票务管理终端的数据是否正确，如果能找到原因，则需要在报表上予以说明；如果未能找到原因，则由票务管理部门负责核查。结算后长款需要随车站其他票款一起按时解行，短款需等票务收益核查部门进行核对分析，属于人为原因的由核查部门下发"补款通知单"，然后由售票员补齐。

第五节 票务事务处理

日常运营中，客服中心除处理正常的售票、充值、兑零、退票和问询外，还可能要处理因乘客和设备两方面因素引起的各种异常事务。车站常见票务事务处理说明如下：

1. 车票余额不足

（1）在付费区

1）当乘客所持的车票是储值票而余额不足时请乘客充值，乘客充值后就可正常刷卡出站，如果乘客没有携带足够现金或其他情况不充值，根据乘客储值票内的入站信息，发售等额车资的出站单程票，并免费更新储值票的入站标志。

2）当乘客所持的车票是单程票时，卡余额不足表示乘客购买的单程票的金额不足以支付乘车的费用，收取乘客应补交的金额后，更新乘客车票。

（2）在非付区

当乘客持有的储值票卡内金额不足时，请乘客充值或购买单程票。

2. 滞留超时

乘客乘坐地铁刷卡入站后需要在规定的时间内出站，超过规定时限就无法正常刷卡出站。从入站至出站这段时间超过允许的最大时间称为滞留超时，滞留超时需要按票务政策相关规定补交超时金额。

3. 超程

乘客持单程票乘坐地铁，当卡内金额不足以支付所需车费时就无法正常刷卡出站，这种现象称为超程，发生超程后需要补交超程金额。

当乘客发生既超时又超程时，需要补交超时金额和超程金额。

4. 无入站处理

乘客持票乘坐地铁，入站时在闸机上刷卡，闸机上的读写器就会对票卡进行读写，票卡上就会记录乘客入站地点和入站时间，并将卡的状态改为已入站，当乘客出站刷卡时就会根据乘客票卡内的入站信息自动计算金额并扣费，而且将乘客的票卡改为未入站。如果乘客入站时闸机出现故障或乘客的不当行为而导致闸机无法对乘客的票卡进行读写，那么乘客的票卡内就没有入站的相关信息，到目的站后就无法刷卡出站，这种情况的乘客事务处理称为无入站处理。

1）如果乘客所持的车票是储值票，则询问乘客乘车地点，并更新入站信息。

2）如果乘客所持的车票是单程票，则根据单程票内购票站点信息直接更新入站标志。

5. 无效车票

乘客所持的车票读写器无法验出车票内的信息或车票状态信息不正常。

1）如果乘客所持的车票是储值票，则询问乘客乘车站点，收取乘客相应车费后发售一张付费单程票给乘客。

2）如果乘客所持的车票是单程票，则询问乘客乘车站点，收取乘客相应车费后发售一张付费单程票给乘客，并回收失效的单程票。

6. 无票乘车

1）乘客无票乘车、儿童超高无票乘车、一卡多用（指乘客乘坐地铁一张车票限一人使用，一个乘客持一张车票刷卡多人尾随进站乘车的现象称为一卡多用），原则上按 10 倍的最高车资罚款，对于不了解地铁票务政策及储值票相关使用规定的乘客也可酌情按本站最高车资补售付费出站票。

2）遗失车票。如果乘客遗失单程票，则必须交相应的车票制作工本费，然后按最高单程票价补票后发售出站票给予出站。乘客遗失储值票按遗失单程票处理。

7. 疏散、清客时票务事务处理

当车站发生不可预料的事情，例如当列车故障、安全事故或存在隐患而导致需要紧急疏散乘客的情况时，在任何车站，持单程票的乘客可在规定日期内办理单程票退票，使用储值票的乘客可在下次进站时给予免费更新。

8. 清起始标志

车票进出站状态有两种：一种是已入站，另一种是未入站。乘客入站刷卡后车票为已入站状态，出站刷卡后车票状态为未入站状态。当乘客乘坐地铁出站由于地铁原因或个人行为（如设备故障、车站清客紧急放行或乘客故意逃票出站等）造成未扣值时，车票仍为已入站状态。当乘客持已有入站标志的车票时就无法入站，需要对车票进行清起始标志处理。

1）若乘客持储值票入站，上次入站时间不超过相应的规定时间，则免费对车票进行标志更新，改为"未入站"；若入站时间超过相应的规定时间，则按规定收取费用并对车票进行标志更新，改为"未入站"；若上次进站不是本站，则规定收取费用并对车票进行标志更新，改为"未入站"。若是由地铁原因造成的，则免费进行标志更新。

2）若乘客持单程票入站，上次入站时间不超过相应的规定时间，则免费对车票进行标志更新，改为"未入站"；若入站时间超过相应的规定时间，则按规定回收车票，请乘客重新购票；若上次进站不是本站，则按规定回收车票，请乘客重新购票。

9. 票务事务退款

由于地铁设备故障或其他原因而导致乘客损失，依据相关的票务规定给予乘客办理退款。如乘客购买单程票时自动售票机少找零或收钱不出票等情况。凡是涉及乘客事务退款的，应保留相关的单据，并请当事人签名确认，以作为核销备用金的依据。

乘客事务处理除了异常事务处理外，还有一些其他非异常的事务处理，如售票（包括储值票、单程票和纪念票等）、发售行李票、充值、记名卡挂失、卡有效期更改、黑名单卡锁定和解锁等。

第六节　票务差错与违章管理

为减少票务违章行为，应通过对票务运作流程的检查和指导，加强运营单位票务工作的监督力度，保证票务的规章、制度及票价政策正确贯彻执行，保障票务工作的顺利进行及收益安全，确保运营单位的收益安全，对票务差错和违章应建立规章制度并加强管理。

一、票务违章

票务违章是指与票务有关的各岗位人员因工作疏忽而造成较大损失的违规行为或是损失轻微但违规人员带有恶意企图的票务违规行为。

票务违章行为按照其造成的影响、损失、性质划分为一类违章行为、二类违章行为、三类违章行为和四类违章行为。

1. 一类违章行为

（1）设备的管理和操作

1）票务人员离开岗位没有按规定在票务设备上注销或误用他人账号操作票务设备。

2）车票编码员未在编码、分拣后注销就离开制票间。

（2）钥匙和运营工器具的管理和使用

1）丢失除钱箱钥匙以外的其他票务钥匙（含门禁卡、管理卡，且无相关汇报记录）。

2）丢失钱箱钥匙（及时汇报并有相关记录）。

（3）车站现场管理

未按规定在 TVM 中补币或 TVM/AVM 钱箱回收时现场填报"TVM 补币记录表"及"TVM/AVM 钱箱回收记录表"。

（4）稽查工作组认定的其他行为。

2. 二类违章行为

（1）备用金、票款的管理和使用

1）未按规定程序使用备用金造成损失或将备用金、票款挪作与票务工作无关用途，金额在 100 元及以上、500 元以下的行为。

2）票务相关人员未按票务规章进行清点、交接、保管现金与车票及其他有价证券的行为。

（2）报表的填写和管理

1）不如实记录、擅自销毁含有数据的票务报表（含空白报表）、账册或其他记账的原始凭证。

2）相关人员未按规定认真审核、查实车站票务报表的内容或发现报表错误后没有及时跟踪和更正，造成价值 100 元及以上、500 元以下的票款流失或金额差异。

（3）车票的管理和使用

1）车票编码员错误编码车票或现金数额出错，涉及金额在 100 元及以上、500 元以下的行为。

2）车票加封数与实点数、票种有差异，储值票按成本计算造成100元以上、500元以下的经济损失；单程票每笔差错在2‰以上且超过部分按车票成本计算造成100元及以上的经济损失。

3）丢失车票（含各类车票），按车票成本及涉及金额计算造成100元及以上、500元以下的经济损失。

（4）设备的管理和操作

误操作AFC设备或其他票务设备，造成设备故障或车票编码错误，造成分公司财产损失，金额在100元及以上、500元以下的行为。

（5）钥匙和运营工器具的管理和使用

1）丢失AFC系统备品，造成分公司财产损失，金额在100元及以上、500元以下的行为。

2）丢失除钱箱钥匙以外的其他票务钥匙（含门禁卡、管理卡）及重要物品，造成100元及以上、500元以下的经济损失。

3）丢失钱箱钥匙（无相关汇报记录）。

（6）稽查工作组认定的其他行为

3. 三类违章行为

（1）备用金、票款的管理和使用

1）未按规定程序使用备用金造成损失或将备用金、票款挪作与票务工作无关的用途，涉及金额在500元及以上、1000元以下。

2）采取不正当的手段，填平车票、现金上的差额。

（2）报表的填写和管理

1）员工弄虚作假，有意涂改账目。

2）相关人员未按规定认真审核、查实车站票务报表的内容或发现报表错误后没有及时跟踪和更正，造成价值500元及以上、1000元以下票款流失或金额差异。

（3）车票的管理和使用

1）丢失车票（含各类车票），按车票成本及涉及金额计算造成500元及以上、1000元以下的经济损失。

2）车票加封数与实点数、票种有差异，储值票按成本计算造成500元以上、1000元以下的经济损失；单程票每笔差错在2‰以上且超过部分按车票成本计算造成500元及以上的经济损失。

（4）设备的管理和操作

误操作AFC设备或其他票务设备，造成设备故障或车票编码错误，涉及金额在500元及以上、1000元以下。

（5）稽查工作组认定的其他行为

4. 四类违章行为

（1）备用金、票款的管理和使用

1）违章占有任何现金或截留现金。

2）未按规定程序使用备用金造成损失或将备用金、票款挪作与票务工作无关的用途，涉及金额在 1000 元及以上。

（2）报表的填写和管理

相关人员未按规定认真审核、查实车站票务报表的内容或发现报表错误后没有及时跟踪和更正，造成价值 1000 元及以上的票款流失或金额差异。

（3）车票的管理和使用

1）违章占有任何车票。

2）丢失车票（含各类车票），按车票成本及涉及金额计算造成 1000 元及以上的经济损失。

3）车票加封数与实点数、票种有差异，储值票按成本计算造成 1000 元及以上的经济损失；单程票每笔差错在 2‰ 以上且超过部分按车票成本计算造成 1000 元及以上的经济损失。

（4）设备的管理和操作

1）盗用他人密码在 AFC 设备上进行涉及现金的交易或擅自修改票务数据等方面的操作，或故意损坏 AFC 设备及其他票务设备，造成设备故障或车票编码错误。

2）AFC 专业人员盗用测试车票或违章利用 BOM 赋值。

（5）稽查工作组认定的其他行为

5. 票务违章处理程序

（1）一类票务违章处理

事发部门自查发现一类票务违章事件，原则上由违章所属部门自行处理，制定规范和整改措施，处理结果报相关部门备案。

部门之间互查发现一类违章事件，应由稽查工作组经分析及认定性质后交所属部门自行处理，处理结果报相关部门备案。

（2）二、三、四类违章的处理

1）事发部门自查发现违章事件或部门之间互查发现违章事件，应立即封存与事件有关的车票、报表等有关资料，如涉及设备损坏的应保护好现场，并在两个工作日内报告稽查工作组。

2）专职人员组织相关工作组成员到达事故现场，收集有关的账册、报表、车票或现金作为调查资料。

3）对违章的有关人员进行询问与调查。

4）若有设备损坏，由稽查工作组联同票务管理部门一起鉴定损失金额。

5）根据调查中收集的资料由稽查工作组组织召开分析会，按照有关规定并结合实际情况对违章部门、责任人员进行性质及责任判定。

6）稽查工作组将票务违章事件经过、调查及处理建议向公司主管领导报告，经批准后进行通报。

7）对稽查报告和事件资料进行整理归档，并制订相应的预防措施，必要时修正现有的规章制度。

（3）奖惩规定

1）一类违章：由所属部门对当事人给予部门一级的通报批评，并根据实际损失情况由其承担全部或部分经济损失，扣发当月绩效考核奖金的20%。

2）二类违章：由所属部门对当事人给予部门一级的通报批评，并根据实际损失情况由其承担全部或部分经济损失，扣发当月绩效考核奖金的40%。

3）三类违章：按其性质严重程度分别对当事人给予公司级通报、行政警告处分、公司级记过处分，并根据实际损失情况由其承担全部或部分经济损失，扣发当月绩效考核奖金的80%，另外给予直接或间接管理者通报批评直至行政警告处分。

4）四类违章：按其性质严重程度分别对当事人给予公司级记过大处分、降薪、降职或解除合同处分，并根据实际损失情况由其承担全部或部分经济损失，扣发3个月绩效考核奖金的100%。情节严重触犯法律的，移交司法机关依法处理。另外，给予直接或间接管理者通报批评直至撤职处分。

若一年之内出现二、三类违章任意两起者，则视其情节严重程度给予降薪、降职或解除劳动合同处分。降薪、降职后表现突出的，经批准可根据需要重新安排工作。降薪、降职后如无改进或继续犯错的应予以解除劳动合同。违章者若对处理结果不服，应在处理结果公布后三个工作日内向公司纪检人员提出申诉。

二、票务差错

票务差错是指与票务有关的各岗位人员在日常票务运作（包括管理、设备操作、作业）过程中因工作疏忽而造成轻微损失和影响的票务违规行为。

1. 现金管理和使用方面的差错

1）未按规定时间处理长、短款。

2）未按规定程序解行或解行金额不符。

3）售票人员遗漏现金在售票问讯处（包括临时售票亭）。

4）"现金缴款单"填写错误。

5）未按《车站票务运作手册》相关规定管理现金及现金区。

6）未按规定使用备用金，造成100元及以下的经济损失。

7）车务部认定的其他差错行为或稽查工作组认定的其他违章行为。

2. 报表填写和管理方面的差错

1）未按规定填写和更正票务台账、报表，或未及时上交票务报表。

2）未按规定整理、保管票务报表。

3）票务相关人员未按规定审核、查实车站票务报表内容或发现报表错误后未及时进行更正和跟踪。

4）票务报表未按规定签认。

5）票务相关人员交接不清、未按规定填写交接班台账，尚未造成不良影响或经济损失。

6）通知车站更正报表后不及时执行。

7）未按"整改通知书"的整改要求及时整改。

8）未按要求填写补币、补票及更换钱箱数据。

9）未按"车站票务运作手册"相关规定填写、处理报表。

10）检查工作组认定的其他违章行为。

3. 车票管理和使用方面的差错

1）节假日期间车站未在规定时间上报车站上日车票结存量。

2）售票人员在售票问讯处（包括临时售票亭）遗漏车票。

3）车站原因致使车票表面有污渍（例如使用透明胶粘贴车票，使车票票面粘胶等）。

4）车票编码员编码车票错误。

5）未按标准封装车票。

6）配发或上交车票不及时。

7）票务相关人员未按规定做好"车票出入库单"的填写、签收工作，按车票成本计算造成 100 元以下金额差异。

8）AFC 专业人员未按规定做好车票测试记录。

9）车票加封数与实点数、票种有差异，储值票按成本计算造成 100 元以下的经济损失；单程票每笔差错在 2‰以上且超过部分按车票成本计算造成 100 元以下的经济损失。

10）丢失车票（含各类车票），按车票成本计算造成 100 元以下的经济损失。

11）检查工作组认定的其他违章行为。

4. 乘客事务处理（含售票操作）**方面的差错**

1）"乘客事务处理单"多填、少填、错填或未按规定签认。

2）多起乘客事务汇总一张处理单填写、冒充乘客签认或篡改"乘客事务处理单"，但经查实非舞弊行为。

3）处理乘客事务误操作但未造成经济损失。

4）填写"乘客事务处理单"的金额与 BOM 操作金额不符。

5）未按规定办理储值票发售、退、换卡和单程票退票业务。

6）检查工作组认定的其他违章行为。

5. 设备管理和操作（含备品和工器具）**方面的差错及违章行为**

1）在 AFC 设备上误操作或输入资料（设备编号、员工号或票数、金额等）错误或不完整。

2）票务相关人员未按规定巡站检查 AFC 设备及其他票务设备工况。

3）票务相关人员未按规定监督承包商的维修保养工作。

4）AFC 设备或其他票务设备故障、损坏未及时报障、销障。

5）未按规定交接、保管、使用票务钥匙、TVM 与 AVM 门禁卡、BOM 管理卡等。

6）票务钥匙（钱箱钥匙除外）、TVM 与 AVM 门禁卡、BOM 管理卡丢失、损坏，相关人员未按规定及时处理和配发。

7）误操作 AFC 设备或其他票务设备，造成设备故障或车票编码错误，造成了不良影响且造成 100 元以下的经济损失。

8）票务人员离开岗位没有按规定在票务设备上注销或误用他人账号操作票务设备。

9）车票编码员没在编码、分拣后注销就离开制票间。

10）丢失 AFC 系统备品，造成分公司财产损失，金额在 100 元以下的行为。

11）丢失除钱箱钥匙以外的其他票务钥匙（含门禁卡、管理卡）及重要物品，造成 100 元以下的经济损失。

12）工作组认定的其他违章行为。

6. 其他差错及违章行为

1）售票问讯处（包括临时票亭）人员有私自做小账的行为。

2）由于人为原因，结算时发生错误而造成备用金或票款的差错（注：短款追补，长款上交）。

3）未执行 AFC 票务室、售票问讯处人员进出有关规定。

4）票务相关人员违章指挥。

5）票务相关人员未及时汇总、分析、上报和回复车站票务运作中存在的问题。

6）未执行双人操作、双人确认有关规定。

7）对丢失"银行代收费凭证"未及时上报并进行跟进。

8）检查工作组认定的其他违章行为。

7. 票务差错及违章的处理原则

票务差错及违章处理应遵循下列原则：

1）严格管理、"四不放过"原则。即差错和违章原因分析不清不放过、责任者和员工未受到教育不放过、未制订防范措施不放过、责任者未受到处理不放过。

2）实事求是原则。即票务差错及违章处理应以规章为准绳、事实为依据，力求客观、公正。

3）逐级考核、落实到人原则。即实行层级管理，制订考核指标及办法，部门考核到室，室考核到班组，再由班组考核到人。

4）有责赔偿原则。即因票务差错或违章造成的公司损失由责任人赔偿。

5）尽职尽责原则。即票务相关人员必须认真履行本岗位工作职责，对发现问题隐瞒不报、不如实反映情况，或对差错、违章分析处理拖延、推脱责任、姑息纵容、不配合调查的各级人员，要追究其经济及管理责任。

6）票务差错原则上由管理部门自行处理。车站管理部门负有对车站票务差错和违章进行检查、统计、分析以及制订控制措施的职责。对差错和违章的处理视情节的严重程度分级别处理。

三、管理责任

车站站长对本站的票务运作负有直接管理责任，值班站长对本班票务运作负有直接管理责任，必须监督票务各岗位人员的工作情况，及时制止员工违章行为；复核车站各种票务台账及报表，对存在问题进行统计分析，找出问题关键点，制订防范和整改措施。对违章人员进行教育和考核，对车站解决不了的问题应报上级部门处理。

票务管理部门承担车站收益核对工作，对车站票款的实收数和应收数进行核对，确保收益安全。在核对过程中，对员工因工作疏忽造成的票务差错以及违章情况必须进行统计和及时处理，并将差错和违章情况通报车站管理部门，对一些情节较为严重的，如大面积违章、员工弄虚作假、大额收益损失等情况的应直接报稽查部门调查处理。

车站管理部门加强对票务差错及违章的防范和整改工作。票务管理部门应不断完善相关规章文本，严堵收益漏洞，在确保收益安全的前提下优化票务操作流程，杜绝员工违章。稽查部门应该制订票务违章的处理办法，加大稽查力度，保障票务运作的正常秩序。

第七节 票务设备常见故障处理

AFC设备在使用过程中由于部件老化、磨损或乘客的不当行为都会造成设备故障。有些故障只要进行简单处理无需更换任何零部件就可以修复，对于这类简单故障需要车站工作人员进行排除。

AFC设备常见简单故障：①自动售票机常见故障有卡纸币、卡硬币、卡单程票、死机、暂停服务、硬币回收箱无法推到位和纸币钱箱无法上锁等；②闸机常见故障有死机、暂停服务和回收机构卡单程票；③自动增值机常见故障有卡纸币、卡储值卡、打印机卡纸等；④票务处理机常见故障有死机、打印机卡纸等。

一、自动售票机常见故障及处理方法

自动售票机是乘客自助购买单程票的设备，在日常运营中纸币模块、硬币处理模块和单程票出票机构由于频繁工作，使用到一定时间这些模块中的电磁铁、传动带、电动机和传感器等部件容易老化、磨损或粘满污垢，另一方面还由于乘客不当的操作行为导致设备故障或部分功能缺失。自动售票机常见故障和处理方法如下。

（1）卡纸币

步骤1：用门禁卡刷卡听到"嘟"一声后，使用钥匙打开后维护门。

步骤2：在维护单元菜单上输入操作员编号和密码后，按"确定"键登录。

步骤3：执行维护命令"3 部件维护→2 部件维修→1 纸币识别器"。

步骤4：用第二用户（操作员）进行第二次登录，拉出纸币识别单元，搬开纸币单元上部的绿色扳手打开纸币单元，观察纸币单元的中部及后部位置（靠操作人员一端），取出夹在其中的纸币后，合拢纸币单元。

步骤5：如步骤4不能取出纸币，在自动售票机的前面板观察纸币单元的退币口处，若发现被卡纸币，用弯嘴镊子将其取出。

步骤6：处理完毕后，在维护单元中"注销退出"并锁上后门。

（2）卡硬币

硬币可能被卡的位置有鉴币器入口处、传送带处、导币槽内、循环找零转盘入口处。

1）硬币卡在鉴币器入口处的解决方法。

步骤1：用门禁卡刷卡听到"嘟"一声后，使用钥匙打开后维护门；在维护单元上用相应操作人员号码和密码登录。

步骤2：通过维护命令"3 部件维护→1 部件诊断→3 硬币单元→4 清除入币口堵币"，使硬币退到找零口。

步骤3：注销退出，关闭后维护门。

2）硬币卡在传送带的解决方法。

步骤1：用门禁卡刷卡听到"嘟"一声后，使用钥匙打开后维护门。

步骤2：在维护单元上用相应的操作员号码和密码登录。

步骤3：通过维护命令"3 部件维护→1 部件诊断→3 硬币单元→3 传动带后滚"，使硬币进入小回收盒。

步骤4：取出硬币。

步骤5：在维护单元上"注销退出"并锁上后维护门。

3）硬币卡在导币槽内的解决方法。

步骤1：用门禁卡刷卡听到"嘟"一声后，使用钥匙打开后维护门。

步骤2：在维护单元上输入操作人员编号和密码登录。

步骤3：通过维护命令"3 部件维护→1 部件诊断→3 硬币单元→2 初始化"，使硬币进入小回收盒。

步骤4：取出硬币。

步骤5：在维护单元菜单上注销退出并锁上后门。

4）硬币卡在循环找零转盘入口处的解决方法。

步骤1：用门禁卡刷卡听到"嘟"一声后，使用钥匙打开后维护门。

步骤2：在维护单元上使用输入操作人员号码和密码登录。

步骤3：执行维护命令"3 部件维护→2 部件维修 →2 硬币单元"。

步骤4：打开导币槽保护罩。

步骤5：直接取出硬币，将取下的部件复原。

步骤6：在维护单元菜单上"注销退出"并锁上后门。

（3）卡单程票

单程票可能被卡住的位置有出票漏斗（也称为歪嘴）处、电磁铁闸口处、出票通道和金属通道衔接处、出票找零口处。

1）单程票夹在出票漏斗（也称为歪嘴）处的解决方法。

步骤1：用门禁卡刷卡听到"嘟"一声后，使用钥匙打开后维护门。

步骤2：在维护单元菜单上输入操作人员编号和密码后，按"确定"键登录。

步骤3：打开后维护门后，向后拉红外屏锁位机构拉杆，解锁红外屏门锁之后关闭后维护门。

步骤4：撑起红外屏并保持不动。

步骤5：拧开出票漏斗（也称为歪嘴）滚花螺钉，打开漏斗取出被夹的票。

步骤6：合上出票漏斗（也称为歪嘴），拧紧滚花螺钉。

步骤7：合上红外屏并锁紧。

步骤8：再次打开后维护门并登录，登录成功后自检出票单元，自检成功后关闭后维护门。

2）单程票夹在电磁铁闸口处的解决方法。

步骤1：用门禁卡刷卡听到"嘟"一声后，使用钥匙打开后维护门。

步骤2：在维护单元菜单上输入操作人员编号和密码后，按"确定"键登录。

步骤3：打开后维护门后，向后拉红外屏锁位机构拉杆，解锁红外屏门锁之后关闭后维护门。

步骤4：撑起红外屏并保持不动。

步骤5：用非金属物体打开电磁铁闸门，让票进入废票箱或出票口。

步骤6：合上红外屏并锁紧。

步骤7：再次打开后维护门并登录，登录成功后自检出票单元，自检成功后关闭后维护门。

3）单程票夹在出票口和金属通道衔接处的解决方法。

步骤1：用门禁卡刷卡并打开后维护门，用相应的操作人员号码和密码登录。

步骤2：轻轻向后拉出TDU取出被夹的票再将TDU推到位。

步骤3：自检出票单元，自检成功后关闭后维护门。

4）单程票夹在出票找零口处的解决方法。单程票夹在出票找零口，通常情况下后续乘客买票出票或找零时能被带出来，如不能被带出来就要使用用镊子将单程票从找零口直接夹出。

（4）死机

步骤1：用门禁卡刷卡听到"嘟"一声后，使用钥匙打开后维护门。

步骤2：在维护单元菜单上输入操作人员编号和密码后，按"确定"键登录。

步骤3：在维护单元菜单中，选择"重启"后确定，观察重启后结果；若以上步骤无效或不成功，则执行步骤4。

步骤4：首先关闭工控机电源，关闭约10s后，再打工控机电源，观察重启后结果。一般情况重启后设备重启后能进入正常的业务模式，如果设备仍然出现故障，请按照设备故障处理流程进行报障。

（5）暂停服务

步骤1：用门禁卡刷卡听到"嘟"一声后，使用钥匙打开后维护门。

步骤2：在维护单元菜单上输入操作人员编号和密码后，按"确定"键登录。

步骤3：登录成功后，在维护单元菜单中，选择"暂停服务原因"后确定，并根据其中内容做相应处理；如果暂停服务与日常操作无关，则执行步骤4。

步骤4：在GC菜单中，选择"重启"后确定，观察重启后的结果；若以上步骤无效或不成功，则执行步骤5。

步骤5：首先关闭工控机电源，关闭约10s，再打开电源观察重启后的结果；如果重启后不能进入正常的业务模式,请按照设备故障处理流程进行报障。

(6) 硬币回收箱不能推到位的解决方法

步骤1:取出硬币回收箱。

步骤2:用钥匙打开箱盖。

步骤3:把箱盖内的复位销拨到上位。

步骤4:锁上箱盖,即可直接把硬币收集箱推到位。

(7) 纸币钱箱不能上锁的解决方法

步骤1:重新取下纸币钱箱。

步骤2:打开纸币钱箱侧盖再锁上,此时指示绿灯应亮。

步骤3:轻轻把纸币钱箱推到位。

步骤4:锁紧纸币钱箱,此时指示红灯应亮,完毕。

二、闸机常见故障及排除方法

闸机常见的故障主要有死机、暂停服务和回收机构卡单程票。

(1) 死机

步骤1:用闸机钥匙打开闸机维护门。

步骤2:用相应的操作人员号码和密码登录。

步骤3:在GC菜单中,选择"8重启关机"再选择"1重启",观察重启后结果;若以上步骤无效或不成功,则执行步骤4。

步骤4:首先关闭电源5s,再打开总电源,观察重启后结果;如果重启后不能进入正常的业务模式,请按照设备故障处理流程进行报障。

(2) 暂停服务

步骤1:用闸机钥匙打开闸机维护门,如果是出站闸机,将票箱轻推,使票箱被吸合。

步骤2:用相应的操作人员号码和密码登录。

步骤3:在GC菜单中,选择"8重启关机"再选择"1重启",观察重启后结果;若以上步骤无效或不成功,则执行步骤4。

步骤4:首先关闭电源5s,再打开总电源,观察重启后结果;如果重启后不能进入正常的业务模式,请按照设备故障处理流程进行报障。

(3) 回收机构卡单程票的处理方法

步骤1:用闸机钥匙打开闸机维护门。

步骤2:用相应的操作人员号码和密码登录。

步骤3:在GC菜单中,选择"2自检"再选择"2回收机构",正常情况下,回收机构自检后就能排除故障。以上步骤无效或不成功,请按照设备故障处理流程进行报障。

三、自动增值机常见故障及排除方法

(1) 卡储值卡

步骤1：用门禁卡刷卡听到"嘟"一声后，使用钥匙打开后维护门。

步骤2：在维护单元菜单上输入操作人员编号和密码后，按"确定"键登录。

步骤3：执行维护命令"部件维护→部件维修→TTC（储值卡传送模块）自检"。

步骤4：检查储值卡在传送机构中的位置，如果在回收盒中就直接将回收盒子取出后拿出储值卡，并将回收盒装回；如果卡在传送机构的传动带中，用手拉传动带，当储值卡被送出到手可以接触到时就可将卡拿出。

步骤5：处理完毕后，在维护单元中"注销退出"并锁上后门。

（2）卡纸币

步骤1：用门禁卡刷卡听到"嘟"一声后，使用钥匙打开后维护门。

步骤2：在维护单元菜单上输入操作人员编号和密码后，按"确定"键登录。

步骤3：执行维护命令"3 部件维护→2 部件维修→1 纸币识别器"。

步骤4：用第二个用户（操作员）进行第二次登录，拉出纸币识别单元，搬开纸币单元上部的绿色扳手打开纸币单元，观察纸币单元的中部及后部位置（靠操作人员一端），取出夹在其中的纸币后，合拢纸币单元。

步骤5：如步骤4不能取出纸币，在自动售票机的前面板观察纸币单元的退币口处，若发现被卡纸币，用弯嘴镊子将其取出。

步骤6：处理完毕后，在维护单元中"注销退出"并锁上后门。

（3）打印机卡纸

步骤1：用门禁卡刷卡听到"嘟"一声后，使用钥匙打开后维护门。

步骤2：在维护单元菜单上输入操作员编号和密码后，按"确定"键登录。

步骤3：执行维护命令"3 部件维护→2 部件维修→1 打印机"。

步骤4：拉出纸币识别单元，检查有无纸屑或异物堵塞打印纸通道，如有清理堵塞物；如没有取下打印色带，重新安装打印色带。

步骤5：处理完毕后，在维护单元中"注销退出"并锁上后门。

四、票务处理机常见故障处理

（1）死机

步骤1：关闭主机电源，至少10s。

步骤2：重新打开主机电源。

步骤3：系统自检并启动业务软件后，输入用户名和密码，登录业务软件。

步骤4：检查程序各项功能，如无异常情况，就可进行业务操作。

（2）打印机卡纸

步骤1：关闭打印机电源。

步骤2：打开打印机的外壳，取下打印纸。

步骤4：检查打印纸的进、出口通道，并清理通道内的纸屑等异物。

步骤5：装上打印纸，盖上打印机外壳，并打开电源。

思考题

1. 什么是票价基本政策？
2. 如何填写票务报表？
3. 车站现金交接有何规定？
4. 简述伪钞的识别原则和处理程序。
5. 售票员工作有何规定？
6. 乘客出站无票如何处理？
7. 简述票务违章处理程序。
8. 什么是票务差错？都有哪些票务差错？

附 录

名词解释

1. 区间：两相邻车站相邻端墙间的线路范围。
2. 站内线路：车站两端墙间内侧的线路。
3. SICAS：西门子计算机辅助信号联锁系统，Siemens Computer Aided Signaling 的简称，是能够实现列车进路自动排列、锁闭、信号开放及进路解锁等的计算机联锁系统。
4. 联锁：信号、道岔和进路之间按一定程序、一定条件建立起的相互联系、相互制约的关系。
5. 联锁站：正线有道岔并且配有微型计算机联锁设备（SICAS）的车站。
6. 闭塞：为了确保列车在区间内的运行安全，列车由车站向区间发车时，必须确认区间内没有列车，并遵循一定的规律组织行车，以免发生列车正面冲突或追尾等事故。这种按照一定规律组织列车在区间运行的方法，叫做行车闭塞，简称闭塞。
7. 进路：机车车辆由某一指定地点运行至另一指定地点所经过的路段。
8. 封锁：用调度命令形式对线路上的某一区域实施封闭，禁止列车、机车、车辆及人员进入的行车组织方法。
9. 区段闭塞法：在 SICAS 故障时，同一时间、同一运行方向一个联锁区段内只允许一辆列车运行的行车组织方法。
10. 线路出清：施工完毕后施工负责人检查所有人员携带的工具和物料撤离行车线路，所有施工人员撤离行车线路或线路巡视员巡查完毕，以确保该段线路已具备正常行车条件的过程。
11. 请点：在施工作业开始前，施工负责人与车站办理的施工登记手续。
12. 销点：在施工作业结束、线路出清后，施工负责人与车站办理的注销施工登记手续。
13. 长交路：列车运行占用整条线路进行周期运行所采用的交路。
14. 短交路：当无法实现全线列车服务时，实施列车服务临时应变计划，在未受影响区段维持列车服务，即列车运行占用局部线路进行周期运行所采用的交路。
15. 突发性大客流：在地铁运营服务时间内偶然爆发超出正常客流变化规律并导致车站拥挤时的客流激增。
16. PIS：乘客资讯系统，Passenger Information System 的简称。
17. ESB：紧急停车按钮。
18. LOW：微型计算机联锁的就地操作工作站，Local Operator Workstation 的简称，一般只设置于有道岔的车站，可以监视指定线路的所有 SICAS 联锁，但只能操作 LOW 所在区域 SICAS 联锁。

19. CCTV：车站闭路电视监视系统，Closed Circuit Television 的简称。

20. LCP：信号系统车站就地控制盘，Local Control Panel 的简称。

21. EMCS：设备监控系统，Equipment Monitor and Control System 的简称。

22. FAS：火灾自动报警系统，Fire Alarm System 的简称。

23. MCP：设备后备监控盘，Monitor Control Panel 的简称。

24. PECU：乘客紧急通话装置，Passenger Emergency Communication Unit 的简称。

25. AFC：自动售检票系统，Automatic Fare Collection 的简称。

26. CC：中心计算机系统，Center Computer 的简称。

27. SC：车站计算机系统，Station Computer 的简称。

28. Gate：闸机。

29. En Gate：进站闸机，Entry Gate 的简称。

30. Ex Gate：出站闸机，Exit Gate 的简称。

31. TVM：自动售票机，Ticket Vending Machine 的简称。

32. AVM：自动增值机，Adding Value Machine 的简称。

33. BOM：票务处理机，Booking Machine 的简称。

34. TCM：自动验票机，Ticket-Checking Machine 的简称。

35. TOKEN：单程票。

36. AVT：储值票，Adding Value Ticket 的简称，预先赋值，可重复使用，每次乘车时根据进、出站自动计费并扣除车费的车票。

37. Student Ticket：学生优惠票。

38. FT：免费票，Free Ticket 的简称。

39. ST：员工票，Staff Ticket 的简称。

40. 车票余值：储值票中，乘客实际可使用的金额（不包括押金部分）。

41. 最高单程票价：基本票价表中的最大金额值。

42. 票种最低票价：乘客所使用车票种类的起步价。

43. 损坏的储值票：因持卡人保管不善出现卡折叠、断裂、涂鸦、张贴异物、缺边、缺角、打孔，或因人为原因造成的票面脱落及有明显刻划痕迹等现象，押金不予退还；票面因使用过程中非人为损耗造成票面图案脱色或脱漆的储值票，押金予以退还。

44. 无效票：由 AFC 设备发售的、外观没有损坏而经 BOM 检验无法更新且系统无法读取数据的车票。

45. 押金：发卡单位向购买储值票的乘客收取的车票抵押金。

46. 预制单程票：经制票中心初始化机预先赋值的单程票。

47. 过期票：超过系统使用有效期的车票。

48. 废票：经由人工车票回收箱、设备废票箱及其他非正常情况回收的单程票。